인생 사계절

인생 사계절

발행일	2025년 8월 18일
지은이	강명경, 김진하, 김하세한, 서림승희, 송기홍, 쓰꾸미, 오드리진, 유랑, 해돋이
펴낸이	손형국
펴낸곳	(주)북랩
편집인	선일영
편집	김현아, 배진용, 김다빈, 김부경
디자인	이현수, 김민하, 임진형, 안유경
제작	박기성, 구성우, 이창영, 배상진
마케팅	김회란, 손화연, 박진관
출판등록	2004. 12. 1(제2012-000051호)
주소	서울특별시 금천구 가산디지털 1로 168, 우림라이온스밸리 B동 B111호, B113~115호
홈페이지	www.book.co.kr
전화번호	(02)2026-5777
팩스	(02)3159-9637
ISBN	979-11-7224-801-7 03810 (종이책) 979-11-7224-802-4 05810 (전자책)

잘못된 책은 구입한 곳에서 교환해드립니다.
이 책은 저작권법에 따라 보호받는 저작물이므로 무단 전재와 복제를 금합니다.
이 책은 (주)북랩이 보유한 리코 장비로 인쇄되었습니다.

(주)북랩 성공출판의 파트너
북랩 홈페이지와 패밀리 사이트에서 다양한 출판 솔루션을 만나 보세요!
홈페이지 book.co.kr • 블로그 blog.naver.com/essaybook • 출판문의 text@book.co.kr

작가 연락처 문의 ▶ ask.book.co.kr
작가 연락처는 개인정보이므로 북랩에서 알려드릴 수 없습니다.

봄, 여름, 가을, 겨울 그리고 다시 봄

인생 사계절

강명경
김진하
김하세한
서림승희
송기홍
쓰꾸미
오드리진
유　　량
해돋이
지　　음

북랩

들어가는 글

선명한 나이테는
변화를 이겨낸 품격의 다른 이름이다

6년 전, 숲속 체험을 했다. 스마트폰에 빠져 있는 아이들을 걱정했다. 아이들 투덜거림으로 시작했다. 산속 숲길을 걸으며 나무 향기를 맡으니 부정적인 감정은 희석되었다. 자연이 제공하는 선물을 즐겼다. 민들레로 반지를 만들어서 꼈다. 하나는 멋이 없다며, 두 개 정도 끼워주어야 한다고 채민이(딸)가 말했다. 단풍나무 씨앗을 눈높이에서 떨어뜨렸다. 마치 헬리콥터 프로펠러처럼 빙글빙글 돌며 바닥으로 떨어졌다. 나도 모르게 "오" 하는 소리를 아이와 같이 내고 있었다. 아카시아 잎을 줄기에서 하나씩 떼어내며 "우찬(아들)이는 아빠를 사랑한다, 안 한다"라며 애정 테스트도 해보았다. 아내는 이런 나를 보며 피식 웃었다. 아이들은 재미있는지 자꾸 "또, 또"를 외쳤다. 숲 선생님이 식물과 꽃 이름을 알려주며, 한해살이 식물과 여러해살이 식물을 알려준다. 가장 큰 차이는 '나이테'라고 설명하였다. 아이들에게 자연을 선물하려고 했는데, 내가 더 큰 선물을 받았다.

5년 전, 인도네시아에서 근무했다. 적도 근처 찌레본에서 일했다. 매일 아침 6시쯤 해가 떴고, 저녁 6시쯤 해가 졌다. 크게 변함없는 하루였다. 계절은 우리와 달리 두 개만 있었다, 우기와 건기. 느끼는 날씨도 두 가지 감정이었다. 덥다. 더 덥다. 밖에 10분만 나가 있으면 땀에 푹 젖은 셔츠가 그림자도 같았다. 에어컨 없는 모습 상상할 수 없다. 늘 반팔만 입고 다녔다. 집에서 가져온 긴팔은 옷장 밖으로 한번 나오지 않았다. 인도네시아에 있는 동안 늘 '더위'만 조심하고, 잘 준비하면 되었다.

2023년, 한국으로 돌아왔다. 인도네시아에서 '더 더운' 날씨를 경험해, 한국의 여름이 달라졌다. 조금 시원해진 여름을 2주도 유지하지 못했다. 몸이 적응해 시원하다는 느낌이 사라지고, 사라진 자리에 더운 기온이 다시 일상에 스며들었다. 여름을 잘 보내려고 찬물로 샤워하고, 에어컨 밑에서 가족들과 아이스크림을 먹으며 여름을 즐겼다. 즐기려고 하니 가을이 찾아왔다. 가을을 누리려고 하니 겨울이 왔다. 묘했다. 적응하고, 대응하려고 하면 다음 계절이 찾아와서 다시 시작하라는 듯 일방적인 통보를 하는 날씨가 조금 얄미웠다. 심술궂은 계절 덕분에 중동, 유럽, 아프리카, 아시아로 출장 가는 나라 기온에 잘 적응할 수 있어 감사하다.

나무는 계절에 따라 다른 속도로 성장한다. 다른 속도는 나이테라는 멋진 선물을 갖게 한다. 성장 계절(봄과 여름)에는 크고 얇은 세포벽을 가진 세포들이 밝은색을 띤다. 비성장 계절(가을과 겨울)에는 작고 두꺼운 세포벽을 가진 세포들이 어두운색을 띤다. 이렇게 밝고 어두운 고리가 1년을 주기로 반복되며 나이테가 만들어진다. 나이테는 나무의 성장과 환경의 역사를 기록하는 연대기다.

인도네시아 현장에서 전기를 공급받는 철탑 밑 나무를 잘라야 했다. 태풍 소식에 나무가 부러질까 봐 걱정했다. 그리고 1년만 지나도 풀과 나무가 빨리 자라 철탑에 연결된 전선과 닿을 것 같아 잘랐다. 잘린 나무의 단면은 한 가지 색이었다. 나무 특유의 나이테가 보이지 않아 낯설었다.

유튜브 영상에서 한옥을 짓는데 금강송(춘양목)으로 기둥과 대들보를 만든다고 한다. 사계절을 가진 우리나라 소나무로 지어야 곧고, 내구성도 높고, 방수력도 좋고, 곤충에도 강하다고 한다. 좋은 소나무가 집의 수명을 좌우한다는 말이 왜 이리 끌리는지. 나이테가 주는 멋스러움은 덤이다.

봄, 여름, 가을, 겨울마다 옷을 갈아입어야 하고, 먹는 음식도 다르게 먹고, 잠잘 때 이불도 바뀌는 번거로움만 있는 줄 알았다. 이러한 변화에 적응하고 조금씩 자라서, 멋스러운 한옥을 지을 수 있다고 하니 사계절이 달라 보인다.

이 책에서는 회사원, 상담사, 목사, 주부, 엄마, 아빠처럼 다양한 나무의 연대기를 담았다. 학업, 어린 시절, 결혼, 달리기, 출산, 암, 자녀 결혼과 같은 나무에 새겨진 사계절을 풀어내고 있다. 열 명의 작가가 품고 있는 나이테 이야기를 썼다.

제1장 「설레는 순간」에는 봄처럼 피어난 경험, 그리고 시작의 설렘과 아픔을 적었다. 제2장 「열정, 아직 식지 않은 내 인생」에는 여름처럼 뜨겁게 불타는 도전과 방황을 기술했다. 제3장 「내려놓음, 흔들리지 않는 성숙함」에는 가을처럼 익어가고 나를 알아가는 시간을 담았다. 제4장 「고요할수록 깊어지는 시간」에는 깊어지는 겨울과 같은 내면의 성장과 사색, 그리고 다시 봄을 준비하는 마음을 기록해두었다.

이 글을 쓰면서 어제 하루를 돌아봤다. 아침에 일어나 하루를 무엇으로 채울지 하는 두근거림을 다이어리에 기록했다. 점심에는 할 일 목록에 있는 업무를 하나씩 지워나가며 성취감으로 하루를 채웠다. 저녁에는 오늘의 성과를 누리고, 개선 사항은 무엇이 있을지 반성의 시간도 가졌다. 밤에는 오늘 하루 잘 보낸 나에게 선물을 준다고 생각했다. 걱정이 있다면 잠시 뒤로 미뤄두고 휴식을 취하며 내일을 준비했다. 하루가 마치 사계절처럼 느껴졌다.

다이어리를 들추면서 묘한 점을 발견한다. 늘 편안하고, 예상할 수 있는 하루를 꿈꾼다. 그런데 막상 나에게 의미 있었던 하루는 편안하고 무난한 날이 아니었다. 오히려 문제가 많았던 날이 나에게는 더 큰 의미를 갖는다. 문제의 해결 여부보다 더 중요한 것은 문제를 마주하고, 고민하고, 지금 내가 할 수 있는 것에 집중하는 태도다. 이러한 태도로 '나'라는 나무가 더욱 크고 선명한 나이테를 가질 수 있지 않을까.

문제가 있었고, 힘든 상황 때문에 괴로웠다. 시간이 지나고 나면 성숙이라는 렌즈로 내 일상을 다르게 볼 수 있다. 이 책은 작가 열 명의 나이테를 담았다. 힘든 상황을 해결할 수 있는 방법을 찾으면 좋지만, 작은 위안을 얻을 수 있다는 것만으로도 충분히 의미 있다. 작가 열 명이 가진 나이테의 이야기가 지금을 잘 흘려보낼 수 있는 동기가 되어도 만족한다. 이 글을 읽는 독자들이 자기만의 멋진 나이테를 만들어가는 데 이 책이 조금이나마 도움이 되길 바란다.

2025년 여름
작가 쓰꾸미

차례

들어가는 글
- 선명한 나이테는 변화를 이겨낸 품격의 다른 이름이다   5

제1장
설레는 순간

1. 피어나기 전, 가장 흔들리던 계절 - 강명경   16
2. 벚꽃 마라톤 - 김진하   21
3. 바람이 지나간 자리 - 김하세한   26
4. 나의 봄은 안단테 - 서림승희   32
5. 내 인생의 봄, 작은 시골 마을에서 싹트는 희망 - 송기홍   38
6. 오늘에 스며든 의미 조각들 - 쓰꾸미   43
7. 항상 준비되지 않은 시작 - 오드리진   49
8. 봄날의 사랑 - 유랑   55
9. 내 나이 10살! 엄마 등에 업혀 있었다 - 해돋이   61

제2장

열정, 아직 식지 않은 내 인생

1. 지나고 보니, 모든 게 낭만 - 강명경   68
2. 타이타닉의 연인 - 김진하   76
3. 나를 알아봐줬으면 - 김하세한   81
4. 뜨겁게 온 열정을 다하여 - 서림승희   86
5. 가장 뜨겁게 빛나던 날 - 송기홍   92
6. 순금 열댓 돈, 이후 모습 - 쓰꾸미   97
7. 풋내기들 - 오드리진   103
8. 우리 집에는 에어컨이 없다 - 유랑   109
9. 한 개 부족하게 태어났지만,
   나는 그들과 나란히 걷고 싶었다 - 해돋이   114

제3장

내려놓음, 흔들리지 않는 성숙함

1. 비워내고 채워 넣고 - 강명경　　　　　　　　120
2. 판단형과 인식형의 여행 - 김진하　　　　　　125
3. 열매에는 씨앗이 있을까? - 김하세한　　　　　130
4. 밤송이와 파란 가을 하늘 - 서림승희　　　　　136
5. 내 인생의 가을, 열매와 감사의 계절 - 송기홍　141
6. 내 행복은 식탁 위에 있다 - 쓰꾸미　　　　　　145
7. 뒤바뀐 계절, 겨울 속 여름 - 오드리진　　　　151
8. 깊은 사색의 계절 - 유량　　　　　　　　　　157
9. 내게 찾아온 '암'이라는 친구,
   선택지가 나여서 감사했다 - 해돋이　　　　　162

제4장
고요할수록 깊어지는 시간

1. 고요할수록 깊어지는 시간 - 강명경　　　　　168
2. 세상에 죽음만큼 확실한 것은 없다 - 김진하　　173
3. 다시 피어나다 - 김하세한　　　　　　　　　　178
4. 아빠의 자전거 - 서림승희　　　　　　　　　　183
5. 하나님의 은혜로 견뎌낸 겨울 - 송기홍　　　　188
6. 새벽에 다시 나를 만나다 - 쓰꾸미　　　　　　192
7. 뒤죽박죽, 그러나 가을 그 속에 봄! - 오드리진　197
8. 인생의 겨울을 준비하며 - 유량　　　　　　　　202
9. 생의 겨울을 먼저 경험했지만,
　 봄이라는 선물이 기다리고 있었다 - 해돋이　　208

마치는 글
- 그리고 다시 봄　　　　　　　　　　　　　　　214

제 1 장

설레는 순간

1. 피어나기 전, 가장 흔들리던 계절

강명경

이 길이 맞을까.

사람들은 봄이 예쁘다고 합니다. 모든 게 새로 피어나는 계절, 희망을 상상할 수 있는 계절이기도 하죠. 하지만 내게 봄은 설렘보다는 불안에 더 가깝습니다. 꽃이 피기 전, 새싹이 얼어붙은 땅을 뚫고 나오는 순간처럼 조심스러운 긴장과 설렘이 뒤섞인 느낌이랄까요. 모두가 앞서 나가는 것 같은 초조함, 무언가를 시작해야 할 것 같은 압박감 속에서 멈춘 것 같은 막막함을 마주합니다. 아직은 청춘처럼 살고 있는 30대의 한복판, 크고 작은 삶의 변화 속에서 잊혀질 만하면 복잡한 감정이 되살아납니다.

겉으로는 푸르고 화창해 보이지만, 가까이에서 들여다보는 봄은 여전히 추위를 품고 있습니다. 꽃봉오리는 꽃을 피우기에 망설이고,

바람은 따뜻해지기 전이라 제법 거칠죠. 난 어떤 결실을 맞이하려고 뭐가 그리 불안할까요. 하루에도 몇 번씩 잘하고 있는지 스스로에게 묻습니다. '행복한 나의 인생은 무엇일까?' 원하는 행복이 무엇인지 자문합니다. 잠시 동안 생각 꼬리물기와 통찰하기를 여러 차례. 그러다 문득 알 것 같습니다. 주변 사람들과 비교하다가도 나의 속도에 맞춰가는 것, 불확실함이야말로 인생이라는 걸요. 두려움 속에서도 다시 펜을 들고, 사람을 만나고, 걸음을 떼는 것. 이것이 살아 있는 삶 같습니다.

스물넷 봄, 대학원에 입학했지만 아직 세상 물정을 몰랐어요. 막연한 설렘과 열정 하나로 시작했습니다. 현실은 그것만으로 부족했죠. 첫 수업부터 강의 주제와 관련된 영어 논문 세 편을 찾아 읽고 요약하는 과제를 받았습니다. 다음 수업 시간까지 준비해서 토론에 참여해야 했어요. 누군가에게는 쉬울 수 있지만, 달라진 환경에 적응하기부터 도전이었습니다. 눈으로 보이는 글과 내용을 암기하는 것보다는 질문이 서로 오가는 토론의 장이었죠. 얼마나 날카롭고 무겁던지요. 준비된 사람만이 원활하게 참여할 수 있었어요. 잘해내고 싶은 만큼 '잘하고 있는 건가' 하는 고민이 들곤 했습니다.

정신없이 지내다 보니 어느새 논문 주제를 정해야 할 시기가 다가옵니다. 가족, 부모와 자녀, 삶의 질, 주관적 행복감 등 관심 있는 키워드는 많았어요. 그럴듯한 논문을 쓰고 싶을수록 뜬구름 속에서 헤맸죠. 어디서부터 어떻게 시작해야 할지 갈피를 잡지 못했어요. 교수님, 선배, 동기들과 이야기를 나누며 방향을 그려가긴 했지만, 머리로 아는 것과 실제로 수행해내는 것은 전혀 달랐습니다.

그 후 밤새워 논문 주제를 찾으며 공부하는 날이 잦아졌어요. 연구실 책상 앞에 앉아 작업하다 보면 목이 아프고 등이 결리며 눈은 침침합니다. 원시에 난시까지 있어 안경을 쓰지 않으면 가까이 있는 큰 글자도 흐릿하고 겹쳐서 보였죠. 눈을 따뜻하게 하면 피로가 좀 풀린다고 하여 양손을 빠르게 비벼 열을 내고 눈 위에 잠시 얹어봅니다. 별 호전이 없어서 5분만 눈을 붙이려고 엎드렸는데 그새 잠이 들었습니다. 얼마나 시간이 지났는지 발끝과 팔이 찌릿찌릿합니다. 저린 팔을 주무르며 눈을 떠보니 어느새 창밖이 훤합니다. 해야 할 분량은 많은데 속도는 더디고 시간은 왜 이렇게 빨리 가는지요. 그럴수록 밥 먹는 시간, 잠자는 시간은 사치였어요. '아침이 오지 않았으면 좋겠다', '내가 정말 할 수 있을까' 의심이 듭니다. 자주 군것질 거리가 당겼어요. 허기를 채우기 위해 어쩌다 밥을 먹으면 배부름을 느끼지 못했고, 소화불량을 달고 살았죠.

그때는 몰랐습니다. 사람이 버티다가 한순간에 부러지는 일은 조용하고도 빠르다는 것을요. 목표 하나만을 바라보며 나를 전혀 돌보지 않고 몰아붙였던 시기. 결국 한계에 다다랐을 때 내려놓았습니다. 포기하고 싶지 않았지만 살기 위해 멈출 수밖에 없었습니다. 숨을 고르고 거리를 두어야만 했어요. 정적의 시간 동안 '나는 실패한 걸까' 하는 생각이 그림자처럼 따라다닙니다.

그렇게 훌쩍 2년이 지났습니다. 하고 싶은 것들이 조금씩 생기기 시작합니다. '다시 해볼까?', 한 번 더 발을 내딛어보자는 용기도 올라옵니다. 오랜만에 느낀 의욕이 반가워 나를 챙기자고 여행길에 오릅니다. 갈 때는 좋은데 매 순간마다 멍 때리는 시간이 많아지고 공허합니다. 시간이 흐른 만큼 상처가 아문 줄 알았어요. 조금만 건드려도 툭 하고 눈물이 고이던 아픔에서 벗어난 줄 알았습니다. 괜찮아진 줄 알았지만 착각이었습니다. 비슷한 상황이 떠오르거나 그때와 관련된 이야기가 나올 때면 아무렇지 않은 척 감출 수 있다고 생각했거든요. 숨기다 보면 괜찮아질 줄 알았고, 상처를 받아봤으니 이제는 '절대' 흔들리지 않을 거라고요. '절대'라는 말속에는 다시는 내가 휘청거릴 만큼 상처받고 싶지 않다는 다짐이 담겼던 것 같아요. 실은 시간을 어떻게 보내야 하는지, 앞으로 무엇을 하며 어떤 사람으로 살아가야 할지 막막하면서도요.

스물일곱 봄, 다시 대학원 문을 두드립니다. 학업적인 공부보다 내면에 남아 있던 상처와의 재회로 다시 시작하려고요. 학교라는 공간, 선생님이라는 존재는 크고 무서운 상징이었습니다. 존경하면서도 위축되고, 기대하면서도 거리감이 느껴지는, '감히' 다가갈 수 없는 존재. 그 앞에 다시 서는 건 꽤나 용기가 필요했죠.

인생의 전환점처럼 처음으로 가족 외에 닮고 싶은 어른을 만났습니다. 따뜻하면서도 단호하고, 냉철하면서도 위로를 건네주던 분. 가볍게 툭 던지는 한마디도 기억에 남지만, 말보다 더 인상 깊었던 건 사람들을 대하는 태도였습니다. 이를테면 자신에게 방어적이고 비판적으로 행동하는 사람에게 유연하게 대처합니다. 말 몇 마디로 공감까지 끌어냈죠. 안 좋은 소문이나 고정관념이 박힌 자신에 대한 인식을 변화시키기도 합니다. 조용한 카리스마가 아우라처럼 퍼지는 느낌. 누가 뭐라고 하든, 굳이 설명하지 않아도 느껴지는 단단함이 멋졌습니다. 그의 말 한마디라도 놓치고 싶지 않아서 노트를 들고 다니며 메모합니다. 내가 동경한 건 단순한 능력이나 지위가 아니라 존재 방식이었죠. 나도 그런 사람이 되고 싶어서 삶을 다시 돌아보니 인생 목표가 생깁니다.

힘들면서도 괜찮은 척한 과거의 모습이 바보처럼 보이기도 했었죠. 상처를 숨기려고 한 그때의 모습은 어리석은 것도, 어려서도 아니었어요. 살기 위해서였다는 걸 늦게서야 알았습니다. 상처가 깊은 만큼, 틈을 비집고 올라오는 두려움. 그것이 새어 나오지 않게 꾹꾹 눌러 담아 가슴 속 깊이 겨우 밀어 넣었을 때에서야 밖으로 나올 수 있었고, 웃는 척이라도 할 수 있었다는 것을요.

매년 봄이 오면, 여전히 마음이 불안하면서도 설렙니다. 어설펐기에 확신보다 질문이 많았고 도전보다 의심이 먼저였습니다. 그런 시작들이 있었기에 조금씩 변화할 수 있었습니다. 꽃을 피우기 위해서는 조용히 움트는 시간이 필요하다는 걸 깨닫습니다. 이번엔 도망치지 않았습니다. 무너지지 않겠다고 애써 다짐하기보다는 그저 하루를 내 속도대로 살아보자고 결심합니다. 완벽해지려 애쓰지 않습니다. 다만 지금 할 수 있는 일에 집중합니다. 이는 나를 조금씩 앞으로 나아가게 합니다. 추운 겨울을 지나고 언제 피어날지 몰라 두려웠던 그 꽃은 지금, 내 안에서 천천히 피어납니다.

'결국 불안한 시작들은 나를 다음 계절로 데려다줄 거야.'

2. 벚꽃 마라톤

김진하

4월, 벚나무는 물이 오르고 봄을 알릴 채비를 마쳤다.

이내 하얀 꽃이 팝콘 터지듯 순식간에 세상을 장식하고, 예산 벚꽃로에서는 마라톤 대회가 열린다. 매년 초 대회가 시작되면 아무 준비가 안 됐어도 늘 설렜다. 자신만의 속도와 자세를 유지하며 42.195㎞라는 초(超)장거리를 달리는 마라톤. 강한 체력과 정신력으로 무장한 사람만이 2,500년 전 마라톤 전투를 알린 페이디피데스(Pheidippides)의 길을 따라 질주할 수 있다.

버킷리스트를 작성할 때면 빠지지 않는 한 가지가 있다. '마라톤 완주'. 올해는 반드시 몸을 만들어 참가하리라 10년째 다짐하지만, 매번 다음 해를 기약했었다.

학창 시절에는 운동회에서 달리기 1등을 도맡았다. 고등학교 체육 시간 배구 수행평가에서 순발력이 뛰어나다며 선생님께 체대 입시를 권유받기도 했다.

학력고사를 보는 고등학교 3학년 때 체력장(체육 실기시험)을 치렀는데 100m 달리기, 던지기, 제자리멀리뛰기, 오래 매달리기, 윗몸일으키기, 800m 달리기를 하루에 평가했다. 입시에 반영되니 기를 쓰고 할 수밖에 없다. 다른 종목은 다 만점을 받았지만, 운동장 4바퀴를 도는 800m 달리기는 걷다 쉬기를 반복하다 부끄럽게도 반에서 꼴찌로 들어왔었다. 운동에 치명적 약점인, 일명 '저질 체력'이었던 것. 여기에는 오래 달고 산 만성 빈혈도 한몫했다. 체력도 지구력도 없는 내게 마라톤이란 '그림의 떡'이고 '못 먹는 감'이었다.

'예산 벚꽃 마라톤 대회'는 날짜에 맞춰 벚꽃이 개화하지 않자 2018년부터 '윤봉길 전국 마라톤 대회'로 명칭을 바꿨다. 대회가 열리는 날은 수육과 잔치국수도 삶고, 막걸리도 나누는 잔치 분위기다. 10년 넘게 예산에서 일하며 알게 된 학생과 같이 일하는 교육지원청 직원들도 많이 참여하니 가보지 못했어도 친근하다. '내가 마라톤을 한다면 이 대회에 나가야겠구나' 생각했다. 게다가 참가했던 한 선생님이 못 뛰면 걸어도 된다고 귀띔해준 말이 매력적으로 들렸다.

2023년에 자궁선근증 수술을 받고 빈혈의 원인이 사라지자 치명적인 아킬레스건도 없어졌다. 뛰지 못하는 날이 없고, 숨차거나 어지럽지도 않다. 하지만 수술하고 바로 무리한 운동을 하는 것은 삼가야 했고, 회사 일과 강의로 바빠지면서 시간이 훌쩍 지났다. 그러다 올해 초, 작심하고 대회 참가 신청 시작과 동시에 접수했다. 준비된 것은 없다. 여전히 운동량은 '0'이고 한 달 새 갑자기 몸무게가 4

kg이나 늘어난 것도 악조건이다. 하지만 시작이 반이고, 남은 시간 노력할 나를 믿었다.

'원하는 것이 생기면 체력부터 길러라.' 유퀴즈 임시완 편에 나온 조언이 와닿았다. 그래. 지금 내게 필요한 것은 체력이다!

교육지원청은 야근과 출장이 잦고, 퇴근해도 집안일이 쌓여 있어 규칙적인 운동 시간 만들기가 어려웠다. 궁리 끝에 점심시간, 직장에서 가까운 무한천 체육공원에 다니기 시작했다. 공원에 마련된 2.1㎞ 코스의 트랙을 한 바퀴 돌고 일터로 복귀하면 오가는 거리 포함 4.5㎞가 나온다. 운동을 막 시작한 2월 중순은 눈보라도 치고 바람도 매서웠다. 그래도 어김없이 나갔다. 한 달이 지나고부터는 뛰다 걷기를 반복하며 운동량을 늘렸다. 신청한 마라톤 종목은 5㎞다. 무한천 전체를 뛰어도 턱없이 모자라지만 중간에 몇 번은 꼭 쉬게 된다. 게다가 이번 대회는 1.6㎞까지 계속 오르막 코스라 초반에 탈진하지 않게 조심하라는 무시무시한 안내 문자도 받았다. '800m 달리기도 못 하던 내가 완주할 수 있을까?' D-day가 다가오자 슬슬 걱정된다. 같이 신청한 신랑은 서울에 있을 때 마라톤을 했던 경험이 있다. 하프 코스도 뛰었던 터라 5㎞는 쉽다며 대회 전날까지도 별 준비를 안 하는 눈치다. 이래서는 내가 신랑을 끌어줘야 할 수 있겠다는 생각이 들었다.

4월 6일 일요일, 드디어 기다리던 대회가 예산 종합운동장에서 펼쳐졌다. 전국에서 5,500명의 선수가 아침 일찍부터 모여 운동장에서 몸을 풀었다. 운영진이 미리 보내준 번호표는 참가 거리에 따라 5km가 보라색, 10km 연두색, 하프는 하늘색이다. 와서 보니 보라색 번호표를 단 사람은 아이와 함께 뛰려는 부모님과 나이 지긋한 분들이 대부분이었다. 위아래 세트로 마라톤 복장을 갖춰 입고 왔는데 보라색 이름표가 뻘쭘하다. 하지만 난 생애 처음이자 10년 이상 꿈꾸던 멋진 순간 안에 서 있었다.

경기는 10km와 하프에 참여하는 선수가 먼저 출발했고, 30분을 기다려 마지막 순서인 내 차례가 왔다.

5, 4, 3, 2, 1 출발!

연습했던 대로 숨을 쉬며 가볍게 팔을 움직였다. 시작부터 가파른 언덕배기가 나와 벌써 숨이 찼다. 그때 7살쯤 되는 아들과 함께 뛰며 다독이는 아버지의 목소리가 들렸다. "지금이 제일 힘들 때야. 1km쯤 뛰면 다리가 풀려서 더 쉬워져." "쉬지 말고 천천히 가더라도 뛰어. 멈추면 더 힘들어." 그 말을 같이 듣고 있던 나도 덩달아 기운을 냈다.

옆에서 뛰는 신랑은 지친 내색 하나 없이 장난을 치며 끊임없이 말을 시킨다. 그냥 내버려두면 연습 때처럼 쉬다 가다 할 텐데 신랑이 옆에 붙어 있으니 멈출 수가 없었다. 3km를 지나면서 갓길로 나와 천천히 걸으며 숨을 고르고 다시 뛰었다. 이번에는 정말 다리가 풀렸는지 경쾌하게 속도가 붙는다. 하지만 종합운동장의 아치형 입구 앞에서 정말 멈추고 싶은 순간이 찾아왔다. 그때 먼저 출발한 10km 선수들이 한데 뒤섞여 들어오며 멈칫하는 내 등을 쓱 밀어주고 파이팅을 외쳤다. 민폐가 될 뻔한 순간이었는데 번뜩 정신이 들었다. 그 덕에 마지막 남은 힘을 짜내 결승선에 들어올 수 있었다. 49분 02초. 나의 첫 마라톤 기록이다.

100m 달리기도 두 번 뛰라면 기권했던 과거에는 상상도 못 했을 한계를 넘었다. 점심시간을 희생하며 걷고 달리던 시간이 나만의 작은 월계관이 되어 돌아왔다.

마라톤 선수에게 가장 중요한 것은 꾸준한 훈련과 자신을 믿는 긍정적인 마음가짐이라고 한다. 고비가 올 때마다 스스로 다독이고 극복하는 순간들이 모여 어느새 결승점에 도달한다. 시작하고 주춤하더라도 멈추지 않으면 해낼 수 있다. 가장 중요한 것은 시작, 그리고 도전을 뒷받침할 체력과 꾸준함이다.

만사 지치고 힘들 때면 전력을 다해 뛰었던 마라톤을 떠올리며 그때 받은 황금빛 완주 메달을 본다. 어떻게 해냈지 싶고, 다시 하라면 못할 것 같다. 대견하다.

꽃향기가 가득한 길을 내 페이스에 맞춰 뛰고 싶다.

벌써 내년 봄이 기대된다.

3. 바람이 지나간 자리

김하세한

지금은 충남도청이 들어서며 신도시로 성장한 홍성군. 내가 자란 곳은 그 신도시가 생기기 훨씬 전, 일곱 가구가 옹기종기 모여 살던 작은 시골 마을이었다. 정리되지 않은 구불구불한 논과 밭, 비포장 흙길, 겨울이면 연기와 함께 피어오르던 아궁이 냄새가 전부였다. 아침이면 닭이 울고, 해가 지면 마을 전체가 조용해지는 그런 곳이었다. 조용했지만, 내 기억 속에서는 가장 또렷하면서도 시끌벅적한 고향이다. 이제 그 고향은 신도시의 소음과 분주함 속에 완전히 다른 모습이 되었다.

나는 딸들만 줄줄이 자라고 있는 집안의 둘째였다. 첫째처럼 주목받지도 않았고, 동생들처럼 귀여움을 독차지하지도 못했다. 중간의 자리는 언제나 애매했다. 위로는 언니, 아래로는 동생들, 나는 그 사이에서 늘 조용히 비켜서 있었다. 무언가를 갖기보다는 양보

했고, 말을 꺼내기보다는 참았다. 조용한 아이, 눈치를 보는 아이, 손이 덜 가는 아이로 자랐다. 저녁이 가까워오면 마을은 느릿느릿 저물어갔다. 집집마다 아궁이에 불을 지피는 소리가 굴뚝마다 피어오르는 연기를 타고 들려왔다. 연기와 함께 하나둘 아이들의 이름이 불렸다.

"민호야—." "수진아—." "영희야—."

불러대던 목소리는 마치 시계탑 종처럼 마을에 저녁이 되었음을 알렸다. 누군가 이름이 불리면, 우리는 함께 놀다가도 익숙하게 인사했다.

"나 먼저 간다."

놀이를 끝내야 하는 순간의 이별 약속 같은 것이었다. 내일도, 모레도 우리는 또 같은 자리에서 놀 테니까. 나는 으레 먼저 불렸다. 우리 집의 저녁 식사 시간은 늘 일렀다. 할머니는 저녁밥을 일찍 차려주셨다.

"빨리 먹고 전깃불 꺼야지. 전기세 나와."

그 말엔 어둡기 전에 자야 한다는 할머니의 사연이 담겨 있었다. 전기세 걱정이었다. 매달 말이면 마을마다 전기요금을 걷는 징수원이 오토바이를 타고 돌아다녔다. 작은 마을 골목에 그 특유의 오토바이 소리가 울리면, 할머니와 우리는 약속이라도 한 듯 숨을 죽였다. 멀리서도 그 소리는 천둥처럼 들렸다. 대문 닫고, 전깃불 끄고, 소리도 줄이며 조용히 '없는 사람들'이 되었다. 밖에서 문을 두드리면 그저 숨을 참고 기도하듯 기다리는 것 외엔 방법이 없었다. '제발 그냥 지나가길.' 그 침묵이 얼마나 절실한 삶의 방식이었는지, 나는 그때는 알지 못했다.

가난은 내 어린 시절의 공기처럼 가까이에 있었다. 우리 집만의 문제가 아니라 마을 대부분의 모습이었다. 그래서였을까. 가난을 부끄러워하기보다는 당연한 것으로 여겼다. 학교에 도시락을 가져가면 반찬은 김치와 나물이 전부였다. 밀봉이 제대로 되지 않아 김칫국물이 흘렀고, 교과서에는 붉은 자국이 스며들었다. 내가 신던 신발도 언니를 거쳐 온 것이었다. 새 운동화를 신어본 기억은 흐릿하다.

그런 날들 중에서도 유난히 마음이 무거웠던 날이 있었다. 비 오는 날이었다. 우리 집에는 우산이 없었다. 엄마는 농사에 쓰는 투명 비닐을 길게 찢어 가방을 감싸고, 내 몸도 꽁꽁 싸매주셨다. 투명한 비닐 속으로 비가 내리고, 나는 바스락거리는 소리에 온몸을 감춘 채 학교로 향했다. 그 모습은 어린 나에게 너무 창피했다. 다른 아이들의 우산 아래를 스치듯 지나며 고개를 떨구었다. 비 오는 날이면 학교 가는 길이 점점 멀고 두려워졌다. 그래서 마음속으로 간절히 바랐다. 오늘은 다리에 물이 넘쳤으면 좋겠다고. 학교에 가려면 다리를 건너야 했고, 도랑이 낮아 비가 내리면 다리는 금세 물에 잠겼다. 다리를 건널 수 없는 동네 아이들은 결석이 인정되었다. 누구에게도 나의 비닐우산을 들키지 않아도 되는, 그런 하루가 허락되기를 바랐다.

그때는 그랬다. 그 모습이 부끄러웠다. 지금은 안다. 그것이 부끄러움이 아니라 사랑이었다는 것을. 가난보다 엄마의 사랑이 먼저 떠오른다. 우산 하나 없는 집에서 엄마는 내가 비에 젖지 않도록 온 힘을 다했다. 그 사랑은 투명한 비닐처럼 얇았지만 결코 찢어지지 않는 보호막이었다. 그날의 비닐, 그날의 엄마, 그리고 비 오는 아침의 내 모습은 지금도 생생하다. 지나고 보니 그 모든 것이 사랑이었다는 걸 이제야 제대로 껴안는다.

비 오는 날, 없는 우산보다 더 어두웠던 건 아버지의 술주정이었다. 아버지는 하루 종일 어디에 계시다 저녁이 되면 집에 돌아오셨다. 소주병을 들고 앉아 있는 날이 많았다. 술이 부족하면 달도, 별도 없는 어두운 숲길을 지나 구판장까지 술 심부름을 시켰다. 너무 무서워 동생과 손을 꼭 잡고 일부러 큰 소리로 이야기하며 다녀와야 했다. 아버지는 술이 들어가면 목소리가 커지고 손끝이 날카로워졌다. 밤이면 고성과 함께 가족은 움츠렸고, 나는 작아진 채 방문 틈으로 새어 나오는 불빛을 바라보며 잠을 청했다. 엄마는 자식을 위하는 길이 참아내는 것밖에 없는 듯 견뎠다. 그런 엄마를 보며 나는 마음 깊은 곳에서 자라나는 단단함을 느꼈다.

기억은 거기서 멈추지 않는다. 술을 마시지 않은 날의 아버지는 전혀 다른 사람이었다. 장난기가 많았고, 우리와 함께 시간을 보내는 걸 좋아했다. 타잔 놀이라며 칡덩굴을 엮어 그네를 만들어주고, 왕겨불에 콩다발을 구워 먹을 때면 서로의 입가에 묻은 숯검정을 보며 깔깔 웃었다. 부엌 한 켠에서 엄마 몰래 끓여주던 라면과 국수. 야밤의 따뜻한 국물은 지금도 입안에 맴돈다. 우리는 아버지를 두려워했지만 동시에 좋아했다. 자식들과 대화를 즐겼고, 웃음소리는 우리도 따라 웃게 만들었다. 무섭고 서러운 기억 뒤편에는 반짝이는 조각들이 숨어 있었다. 지금 돌이켜보면 아버지도 자기만의 방식으로 곁에 있고 싶었던 것이다. 다만 서툴렀고, 좋은 아버지와 남편이 되는 법을 알지 못했다. 아무도 그에게 가르쳐주는 사람이 없었던 시대가 만들었을 뿐이다. 그 시절 나는 알지 못했다. 아버지가 없는 이제야 알아가고 있다. 아버지도 사랑을 주고 싶어 했다는 것을.

지금 옛 기억들을 소환하며 알아간다. 그 시절이 온통 부끄러움이 아니라 품고 갈 삶의 시간이었다는 것을. 무섭고 두려웠던 기억만큼 따뜻하고 환한 장면들도 있었다는 것을. 마치 해가 지자마자 어둠이 시작되는 것이 아니라 남은 빛이 석양을 만들고, 깊은 밤에도 여명의 빛이 공존하듯. 엄마의 손길, 아버지의 칡덩굴 그네, 비닐로 감싼 우산, 몰래 끓여주던 야식. 흩어져 있던 조각들이지만 결국 나라는 존재 안에서 하나로 이어진다. 과거는 되돌릴 수 없지만 그 의미는 지금의 내가 다시 써 내려갈 수 있다. 그때는 그저 견디는 날들이었지만 지금은 내 삶을 이끄는 힘이 되었다. 사랑이라 몰랐던 순간은 사랑으로 바뀌고, 서러움은 성장의 밑거름이 되었다. 그 이야기들이 쌓여 나의 미래를 움직이는 가장 따뜻한 원동력이 되었다. 계절이 자연스럽게 변하듯 삶도 그렇게 흘러가고 있었다.

누구나 자신의 과거를 돌아보면 눈물 나는 순간이 있을 것이다. 그러나 그 순간들을 껴안고, 그 안에 담긴 사랑과 온기를 다시 찾아낼 수 있다면 우리는 더 이상 과거에 갇힌 존재가 아니다. 오히려 그 기억은 오늘의 나를 단단하게 만들고, 내일을 살아갈 에너지가 된다. 과거는 단지 지나간 시간이 아니라 다시 써 내려갈 수 있는 나만의 서사다. 혹시 지금 견디는 하루를 보내고 있다면 말해주고 싶다. 그 하루는 언젠가 사랑으로 바뀌고, 오늘의 눈물은 내일의 따뜻한 언어가 될 것이다. 지금을 사랑하라. 그 시간은 반드시 더 아름답게 이끌어줄 것이다.

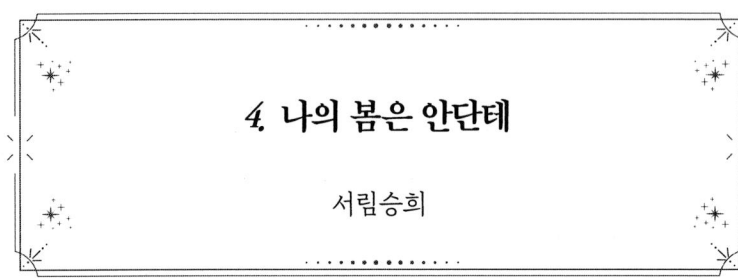

내 손가락을 원망했지만, 다음을 도전할 수 있는 용기를 선물로 주었다.

봄이라기엔 춥고, 겨울이라기엔 맹추위가 누그러진 2월 하순. '산 너머 남촌에는 누가 살길래' 노래가 흥얼거려질 때. 그 시기에 느껴지는 생동감이 좋았다. 마치 겨우내 동면 중인 내게 새로운 숨을 훅 불어넣어주는 것 같다.

어느 해부터인가 생동감도, 설렘도 느껴지지 않았다. 알아차리지 못하고 몇 번의 봄이 지나갔을까. 무뎌진 내 정서에 많이 당황했다. 새해맞이를 위한 제야 행사에 참여하며 경험하지 않은 한 가지를 하기로 다짐했다. 그해 2월, 무얼 해볼까 하다 우연히 마라톤이 떠올랐다. 지인들도 새로운 도전을 반기며 동참하기로 했다. 벚꽃으로 유명한 예산 윤봉길 전국 마라톤 대회의 5㎞를 신청했다. 참가 신청만 했는데 벌써 완주한 듯한 느낌이었다. 몸에는 활기가 생기고 몸이 가벼워졌다.

우편으로 안내 책자와 번호표가 도착했다. 번호표에 대회 이름과 내 이름 그리고 번호까지 쓰여 있으니 나도 마라토너라는 실감이 났다. 실실 웃음을 참을 수 없었다. 번호표를 제외하고 평소 운동복 차림으로 7시에 선우와 하은이를 버스정류장에서 만나 출발했다. 예산군 종합운동장을 향해 가는 시간은 마라토너로서 데뷔하는 낯선 즐거움이었다. 1시간 먼저 도착했는데 이미 많은 사람들로 분주했다.

러닝 열풍이라더니, 서너 살로 보이는 유아부터 70세는 족히 되셨을 어르신까지 다양했다. 모여 있는 사람이 하나같이 할 수 있다고 이야기하니, 나 역시 잘할 수 있다는 분위기에 취했다.

뛰기 전 부상 방지를 위해 참가자들 모두 준비 체조했다. 학교 다닐 때 운동장에 모여 체조하던 추억으로 잠시 여행도 다녀왔다. 체조하는 분위기가 낯설어, 연단 위 강사를 따라 하는데 동작이 점점 작아졌다.

체조를 마친 뒤, 집결지를 가득 채운 사람이 한꺼번에 어떻게 뛸지 궁금했다. 코스별로 출발한다는 안내 방송을 듣고 고개가 끄덕여졌다. 9시 하프 출발. 10여 분 차이를 두고 10㎞ 출발. 드디어 우리 차례! 5㎞ 출발 신호가 나왔다. 따뜻한 햇살. 지인들과 이야기 나누며 완주할 생각에 즐거웠다.

나처럼 설레는 표정도 있었다. 기록을 내기 위해서 집중하는 표정도 있었다. 사람들의 표정에는 결연함을 담고 완주하겠다는 의지가 묻어나왔다. 아기가 탄 유모차를 밀며 뛰는 아빠들은 더 멋져 보였다. 인근 학교의 학생들이 급수대에서 물과 함께 큰 목소리로 외치던 응원이 아직도 기억난다. 뛰는 코스는 짧아 흐드러진 벚꽃을 보지 못해 아쉬웠다. 걷기로 시작했지만, 마라토너의 열정을 맛보는 첫 디딤이었다.

다음 해 4월, 이순신 백의종군길 마라톤 대회. 꿀떡을 먹으며 체험 부스를 지나다 익숙한 얼굴을 발견했다. 우연히 큰아이의 친구를 만났다. 꾸준히 운동하고 풀(full)코스에 참가했던 민구가 반갑게 인사했다.
"오늘도 풀코스 뛰는 거야?"
"아닙니다, 어머니. 오늘은 하프 뜁니다."
오늘은 하프 뛴다는 말에 여유로움이 느껴졌다. 왕초보인 내게 하프는 넘볼 수 없는 코스였기에 대단해 보였다. 출발 신호를 기다리는데 심장이 마구 뛰었다. 제자리 걷기를 하며 주변을 둘러보고 심호흡했다. 햇볕을 막아주는 은행나무 가로수길. 바람까지 곁들여져 상쾌하게 출발했다. 1km 정도 뛰었더니 도로에 진입했다. 강한 햇살에 땀이 줄줄 흐르기 시작했다. 걸으면 다시 뛰지 못할 것 같았다. 같이 뛴 선우는 처음 뛸 때는 옆에 있었고, 언덕길을 오를 때는 앞서 뛰기도 했다. 처음 보는 러너들과 응원을 주고받았다. 어디서 이런 용기가 났는지. 서로 응원 덕분에 뛰어서 완주했다. 한 걸음도 걷지 않았다. 기록과 상관없이 처음부터 뛰고 나서 메달을 받으니 더 실감이 났다. 메달 뒤에 'Finisher'라는 단어가 나를 위한 단어였다. 나에게는 완주였다.
5km 대회를 3번 참여하니 자신감이 붙었다. 다음 단계를 도전하

고 싶었다. 뛰다 보면 어느 순간 몸이 가벼워진다는 러너스 하이가 궁금했다. 또 10㎞부터 기록을 확인할 수 있는 기록 칩 달고 뛰면 마라토너로서 자부심이 생길 것 같았다.

'일단 신청해보자. 신청하고 연습하면 되지. 5㎞ 뛰었는데, 할 수 있을 거야.'

천안 이봉주 마라톤 대회 참가 신청이 잘됐는지 확인했다. 분주하게 일을 하다 조기 마감이 될까 봐 허겁지겁 신청했던 것이 떠올랐다. 분명 그때의 나는 10㎞를 신청했는데, 하프가 신청되어 있었다. 한꺼번에 신청자가 몰려 서버 오류가 발생했다고 생각했었다. 코스를 변경해달라고 운영 사무실에 전화했다. 접수에는 문제가 없다는 답변을 들으니 당황스러웠다. 심지어 코스 변경도, 참여 취소 기간도 지난 후였다. 뛰거나, 포기하거나 둘 중 하나였다. 지인이 포기하지 않고 뛴다면 함께 연습해보자고 했다. 조금만 연습하면 완주할 것 같다고 힘을 실어주었다.

대회 날. 지인들과는 완주 후 만나자고 응원했다. 안내 방송에 따라 출발 지점으로 걸어갔다. 사람들 사이의 빈틈을 지나 앞줄로 파고들었다. 조금이라도 빨리 출발하면 제한 시간 안에 들어올 것 같았다. 드디어 출발을 알리는 총소리!

뻥 뚫린 도로는 사람으로 가득 찼다. 내 앞에 두 남자분이 이야기하며 뛰고 있었다. 그중 한 명이 지금 속도면 제한 시간 걱정 없이 완주 가능하다고 했다. 내게 한 말은 아니지만 이 속도대로 뛰면 된다니 안심이 되었다.

10월 햇빛도 8월 햇볕만큼 뜨거웠다. 긴장감이 다리로 갔는지 점점 무거워졌다. 지금처럼만 뛰면 된다는 마음과 달리 운동화가 끌리기 시작했다. 시작은 앞에서 뛰었는데, 반대 차선에는 반환점을 돌아 뛰어오는 사람들이 더 많아 보였다. 희망을 주던 두 남자는 시야에서 사라졌다. 조바심이 생기면서 입이 바짝 마르고 호흡이 불규칙하고 거칠어졌다.

눈에 보이는 반환점과 나의 거리는 좁혀지지 않았다. 어쩌자고 하프를 신청했는지, 잘못 신청한 손가락을 탓했다. 자원봉사자들의 응원을 받으면 힘을 내서 뛰었다. 안타깝게도 응원의 힘은 오래가지 못했다. "바닥 보면 안 돼요. 고개 들고 뛰어야 해요. 힘드니까 그러겠지만."

고개를 떨군 채 걷고 있었다. 페이스메이커 한 분이 뒤에서 소리쳤다. 마지막 말. 힘듦을 알아주는 것 같아 울컥했다. 2시간 30분 목표로 페이스메이커와 함께 뛰는 러너들이 다가왔다. 함께 뛰자고 했지만 뛰지 못했다. 바닥을 보고 뛰다가 고개를 들어보니 내 앞에 뛰는 사람들이 보이지 않았다. 왕복 8차선 도로에 아무도 없다는 막막함과 부담감에 가슴이 턱 막혔다. 무모하게 도전했다고 후회하니 압박감이 더해졌다. 내 뒤로 몇 명이 뛰고 있는 걸 알았지만 돌아볼 자신이 없었다. 경찰 및 행사 관계자분들이 다 왔다고, 조금만 더 힘을 내라고 했다. 나를 위해 기다려주며 바라보는 시선이 고맙고 미안해서 눈물이 쏟아질 것 같았다.

회수차는 오지 않았고 스스로 마무리를 지어야 했다. 피니쉬 라인 앞에서 지인들이 손을 흔들었다. 나도 모르게 양팔을 번쩍 들고 마지막 힘을 다해 뛰었다. "왔어! 해냈어!" 기뻐서 소리를 질렀다.

2시간 38분. 완주. 서툰 초보 마라토너의 혹독한 하프 도전기였다. 시작은 우연이었다. 처음부터 하프에 도전하려고 준비하지 않았다. 무리다 싶은 목표에 도전했다. 달리는 중에 두려움을 이기는 경험을 했다. 결과, 중요하다. 더 중요한 사실은 도전하고, 피하지 않고 과정을 마주한 태도였다. 그리고 더 큰 도전으로 이어졌다. 하프 코스 마라톤 메달은 두려움을 마주할 때마다 '다 잘될 거야'라는 나만의 긍정 부적이다.

5. 내 인생의 봄, 작은 시골 마을에서 싹트는 희망

송기홍

내 인생의 봄은 충청남도 서천군 화양면에서 시작되었다.

지금도 눈을 감으면 떠오르는 어린 시절의 풍경이 있다. 해가 뜨면 논과 밭에 햇살이 가득하고, 계절마다 다른 모습을 보여주는 풍경이 있었다. 아침이면 집마다 굴뚝에서 연기가 피어오르는 것으로 하루가 시작되었다. 책가방도 없던 시절, 책을 보자기에 둘둘 말아 어깨에 둘러메고 학교로 뛰어가던 모습이 그려진다. 학교 운동장은 바람만 불면 흙먼지가 날리는 곳이지만 그곳은 우리의 놀이터였다. 가난한 농부의 아들로 태어나 살림살이가 넉넉하지 못했지만 자연을 벗 삼아 자랐다. 부자는 아니었지만 부모님 사랑 듬뿍 받으며 어린 시절을 보냈다. 그 시절이 내게는 참으로 행복하고 소중한 봄날이다.

초등학교 다닐 때, 말을 더듬는 아이였다. 마음속엔 하고 싶은 말이 많았지만, 말하려면 언제나 말을 더듬느라 하고 싶은 말을 제대로 하지 못했다. 친구들 앞에 서는 게 두려웠고, 어떤 때는 웃음거리가 되기도 했다. 학교 수업 시간 중에 국어 시간이 아주 싫었다. 선생님이 "기홍이 일어나서 25페이지 셋째 줄부터 읽어"라고 말씀하시면 자리에서 일어서긴 하지만 책을 읽지 못했다. 글씨는 다 알겠는데, 입이 떨어지지 않았다. 손바닥엔 땀이 나고, 입술은 바짝 타들어갔다. 가슴은 콩닥거리고 심장 소리가 귀에 들려올 정도였다. 그렇게 서서 말을 더듬으며 겨우 몇 줄 읽다 보면 창피하다는 생각이 들었다. 그리고 그런 모습이 답답했는지 선생님께서는 "됐어, 앉아!"라고 하셨다. 무슨 큰 고비라도 넘긴 듯 한숨을 쉬며 털썩 주저앉았다. 친구들이 놀릴 것만 같았다. 그런 날은 풀이 죽은 채 친구들과 얘기하는 것을 피하게 되었다.

어깨를 축 늘어뜨리고 집으로 돌아오면, 그런 내 마음을 아셨는지 어머니는 늘 손을 꼭 잡아주시며 "괜찮다"라고 하셨다. 어머니의 손길은 말로 다 표현할 수 없는 큰 위로였다. 그러나 그 위로가 있어도 마음은 불편했다. 초등학교도 입학하기 전부터 교회를 다니던 나는 하나님께 간절히 기도했다. "하나님, 저도 친구들처럼 또박또박 말하고 싶어요. 책도 잘 읽고 싶어요." 아직은 어린 초등학생의 기도였지만, 진심이었다. 그리고 간절했다. 교회 갈 때마다 거의 똑같은 기도를 반복했다.

중학생이 되면서부터 신기하게도 말을 더듬는 것이 완전히 사라졌다. 하나님이 기도를 들으시고 응답해주신 것이라 믿었다. 한글을 모르는 것도 아닌데 책을 읽지 못했던 초등학교 시절에 비교하면, 중학생이 되고 난 후에는 '책도 잘 읽고, 말도 더듬지 않으니' 세상이 다르게 보였다. 손바닥만 한 단어장을 들고 다니며 'boy, girl, school…' 등 단어를 외우던 모습이 지금도 선명하게 기억된다. 단어 몇 개만 외웠을 뿐인데, 외국인을 만나면 당장에라도 대화를 할 수 있을 것 같았다. 그런데 그 시골 골짜기에 외국인이 있을 리 없었다. 중학생이 되어 처음 배우는 과목에 재미를 느꼈다. 초등학교 시절에는 말을 더듬느라 책을 읽지 못했었는데, 중학생이 되면서 말을 더듬는 것이 사라졌다. 책도 자신 있게 읽고 친구들과 대화도 하면서 공부가 재미있었다. 초등학교 다닐 때 배우지 않았던 과목들을 배우고 새로운 환경에 적응하며 신이 났다. 집안 형편이 넉넉하지 않았기에 학용품 하나도 아껴 써야 했고, 새 옷을 입는 날은 손에 꼽을 정도였지만 그 시절이 참 좋았다. 말을 더듬지 않고 말을 잘하면서 자신감도 생겼다.

고등학생이 되면서 새로운 꿈이 생겼다. 초등학교 시절 '말을 더듬지 않고, 다른 친구들처럼 자연스럽게 책도 읽고 말할 수 있게 해달라' 간절히 기도했었는데 그 문제가 해결되었다. 초등학교 시절 말을 더듬던 아이가 고등학생 시절에는 교내 웅변대회도 출전했다. 비록 참가한 모든 연사에게 주는 장려상을 받았지만 '말을 더듬던 아이'가 웅변대회에 나간 것은 기적 같은 일이었다. 고등학교 2학년으로 기억된다. 어느 날 기도하는 중에 "너는 목사가 되거라" 하는 음성이 들리는 것 같았다. 그 후로 목사가 되기 위해 더 많이 기도하고 공부도 열심히 했다. 목사가 된다고 생각하니 상상만으로도 기분이 좋았다. 그리고 말과 행동을 조심하기 시작했다. 친구들과 어울려 놀다가 화가 나도 참았다. 그때 화내지 않고 참았던 것이 잘한 일인지 아직도 모르겠지만, 그때는 그것이 맞다고 생각했었다. 그렇게 고등학교를 졸업하고, 신학대학에 진학하려고 했다. 그런데 현실은 만만하지 않았다. 그때까지도 교회를 다니지 않으시던 아버지가 심하게 반대하셨기 때문이다. 결국 신학대학에 진학하지 못했다. 친구들은 공고를 졸업했으니 대부분 취업을 나갔는데, 진학을 준비한다는 핑계로 취업의 기회도 놓치고 말았다.

진학도 취업도 하지 못하고 불확실한 미래 때문에 무기력해져 있을 때, 체육관 관장님의 연락이 왔다. 학교 다닐 때 태권도를 열심히 했으니, 체육관에 와서 애들을 지도해달라는 것이었다. 학창 시절 꾸준히 운동하던 모습을 관장님이 성실하게 보신 것 같다. 학교 다닐 때 태권도장 수련비를 내라고 재촉받을 때도 있었다. 돈이 없던 나는 수련비 대신 몸으로 때워야겠다는 생각으로 체육관에 일찍 나가고 늦게까지 있으면서 체육관 청소 등을 도맡아 했었다. 그것을 관장님이 좋게 보신 것 같다.

체육관에서 아이들을 지도하던 중 1년도 채우지 못하고 1982년도 초가을, 유행성 뇌수막염에 걸려 병원에 입원했다. 40도 가까이 오르는 고열에 시달리며 감기인 줄 알고 약을 사다 먹으며 2~3일 정도 견뎠는데, 좀처럼 좋아지지 않았다. 하는 수 없이 병원에 입원했다. 집에서 병원까지의 거리가 택시로 1시간 거리였는데, 여러 시간을 달린 것처럼 멀게만 느껴졌다. 병원에 도착하자마자 체온을 떨어뜨리기 위해 간호사들이 얼음찜질했다. 온몸을 휘감는 얼음 조각들을 차갑게 느끼며, 사람들의 소리가 점점 멀게만 느껴졌다. 그리고 의식을 잃고 중환자실에 입원했다. 중환자실에서 사경을 헤매고 있을 때, 아들이 죽게 될지도 모른다는 생각에 아버지는 아들의 장례를 준비했다고 한다. '어디에 묻어줄까?' 하며 공동묘지를 다녀오셨다고 한다. 그러면서 믿지도 않는 하나님께 이렇게 기도하셨다고 한다. "하나님, 기홍이를 살려만 주세요. 뭐든 하도록 하겠습니다."

정신을 차렸을 때는 중환자실에서 나와 일반 병실로 옮겨진 뒤였다. 모든 것이 마치 꿈만 같았다. 신기하게도 죽음의 문턱에서 살아났다. 퇴원 후 오랫동안 체력을 회복해야 했지만, 그 시간은 더 깊은 믿음과 결단의 시간이었다. 죽음의 문턱에서 돌아온 생명을 하나님께 드리고 싶었다. 그래서 다시 신학대학 입학을 위해 공부하기 시작했다. 이제는 더 이상 소심한 말더듬이 소년이 아니었다. 말 대신 믿음을 심고, 소심함 대신 사명의 불꽃을 품었다.

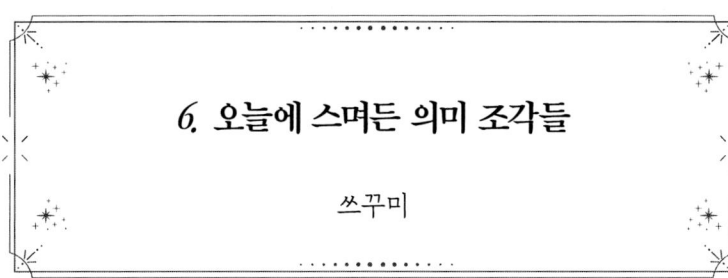

6. 오늘에 스며든 의미 조각들

쓰꾸미

"너 앞으로 꽃바구니 왔다."

　중학생 때부터 다이어리를 썼다. 다이어리보단 스터디 플래너에 가까웠다. 이성 친구와 손 편지 주고받았다. 또 열쇠고리가 있는 비밀 일기장도 썼다. 열쇠가 있어, 두 사람만 열어 볼 수 있는 은밀함이 좋았다. 집에서 누나들도 다이어리를 썼다. 쓰는 분위기에 휩쓸렸다. 다이어리의 빈 페이지에 손 글씨로 좋은 문구를 쓰고, 좋아하는 초록색으로 문양을 그려 넣었다. 형광펜으로 글씨를 덧쓰고, 빨간펜으로 글씨의 테두리를 그렸다. 그러면서 글씨가 흘러내리는 느낌을 만들었다. 유행하던 슬램덩크 그림까지 오려 붙여가며, 특별한 다이어리 기록을 내 손으로 직접 만들며 뿌듯했다. 다이어리를 쓰고 꾸미는 시간이 길어질수록 더 소중했다. 하얀 종이에 내가 좋아하는 것을 채우는 시간이 소중했다. 기록하는 습관이 좋아 성인이 되어도 다이어리를 썼다. 하루를 계획하고, 실천한 시간을 기록한다. 끝으로 하루를 마무리하며 소감을 작성하는 방식으로 기록하고 있다.

다이어리 기록은 수면, 회사, 자기 계발, 휴식으로 크게 나뉜다. 회사에서 보내는 시간이 가장 많다. 적게 잡아도 8시간. 하루가 24시간이니, 출퇴근 시간과 점심시간까지 합치면 하루에 반 이상을 일과 관련해서 시간을 보내고 있다. 평균 수면 시간은 6시간. 휴식을 통해 재충전하는 시간보다 일에 무게 중심이 더 있다. 하루 중 가장 많이 보내는 근무 시간에서 의미를 찾아야 가치를 더하며 살고 있는 거라고 생각했다.

건설회사에 다니고 있다. 면접을 보고 합격한 회사 중에 월급을 제일 많이 주는 회사를 선택했다. 지금까지 다니고 있는 회사다. 입사하기 전, 일이나 회사에 큰 의미를 두지 않았다. 합격 통보와 같이 보내온 선물 덕분에 현재 회사에 다니고 있다. 면접 결과를 초조하게 기다리던 중에 어머니가 집으로 나에게 꽃바구니 배달이 왔다며 전화하셨다. 남자에게 꽃다발! 여자 친구가 나에게 꽃다발을 보냈다고 생각하기에는 앞뒤가 맞지 않았다. 졸업식도 아니었다. 꽃을 받고 18년이 지난 지금까지 '꽃바구니'라는 단어가 내 다이어리에 등장하지 못했다. 이단 접이식 우산을 펼친 크기보다 큰 꽃바구니를 보냈다. 연분홍색 장미, 흰색 리시안서스, 흰색 프리지아를 한가득 품은 꽃바구니였다. 꽃바구니를 보낸 의미가 궁금해 꽃말 찾아보니 존경, 기대, 새로운 시작까지 좋은 의미를 품은 선물이었다. 어머니는 합격한 다른 회사는 전화 연락만 왔었다고 말씀하셨다. 어머니는 꽃과 편지로 부모님께 감사를 표현하며, 나를 존중하는 회사라며 흐뭇해하셨다.

그렇게 내 첫 직장은 결정되었다. 시작에는 어떤 포부나 목표가 없었다.

초등학교 우리 반 친구 중에 발명품 잘 만드는 친구 영국이가 있었다. 영국이는 손재주가 좋아 주변에 친구가 많았다. 그 시절 남자 친구들은 손에 비비탄총 하나씩은 들고 있었다. 영국이는 비비탄총을 분해하여 부품마다 역할을 빠삭하게 알았다. 비비탄이 더 멀리, 더 세게 나가게 만드는 기술자였다. 보통 총에는 스프링이 하나 들어간다. 망가진 비비탄총에서 스프링을 꺼내 두 개로 합쳐서 총에 넣어 손봐주었다. 개조하기 전에는 10m 정도 나가는 총이었다. 개조하고 바닥에 비비탄을 발사하면, 비비탄이 산산조각이 날 정도로 위력이 세졌다. 총을 보여주고 조언받기 위해, 쉬는 시간마다 영국이에게 친구들이 모여들었다. 또 돈을 벌겠다고 금속 탐지기를 직접 만들었다. 지금 놀이터 바닥은 고무 매트나 우레탄 코팅을 한다. 내가 뛰어놀았던 놀이터 바닥은 모래였다. 지금은 카드를 이용해서 간식을 사지만, 어릴 땐 어머니가 주시는 오백 원 동전으로 고드름, 아이싱과 같은 아이스크림을 먹을 수 있었다. 영국이는 금속 탐지기를 가지고 놀이터에서 동전을 찾아냈다. 찾아낸 동전으로 문방구에서 아이스크림을 하나씩 나누어 먹어 더 좋았다. 그때 영국이는 '서태지와 아이들'보다 더 인기였다.

영국이 꿈, 과학자. 멋져 보였다. 친구 따라 과학자라는 꿈을 가졌다.

중학교, 고등학교를 거치면서 내 꿈은 점점 작아졌다. 미국 하버드 대학교는 마음만으로 가는 줄 알았다. 서울에 있는 대학교를 가기 위해서도 많은 공부가 필요하다는 걸 고등학교 성적표를 받아보고 알았다. 고등학교 성적표를 받아들 때마다 미국 최고에서 한국 최고로, 한국 최고에서 서울에 있는 대학교로 목표가 점점 작아졌다. 현실과 목표의 차이를 줄일 때 노력이 필요했다. 노력을 채우지 못했다. 쉽고 편하게 살고 싶어 하는 마음이 더 컸다. 현실을 꿈에 맞추는 게 아니라, 꿈을 현실에 맞추기 시작했다. 초등학교 때 첫 꿈인 과학자와 점점 멀어졌다. 성인이 되었고, 회사원이 되었다.

입사 후 20대와 30대, 업무에 적응하고 성과 내기도 벅찼다. 대학교 때 배웠던 지식을 제대로 사용하지 못했다. 학교에서 습득한 교육은 별다른 쓸모가 없었다. 계약서 용어를 처음 배웠고, 무역 관련 용어를 익혔다. 업무 일정 짜고, 현황 관리했다. 이메일 하나 제대로 쓰지 못했다. 빨간펜으로 변신한 회사 선배에게 첨삭 지도를 받았다. 선배가 메일 내용을 확인해줘야 안심하고 보냈다. 모든 게 새로워 회사 입사 전까지의 배움에 회의까지 느꼈다. 40대에 접어들고 일에 요령이 붙으면서 조금 여유 생겼다. 일에 대한 의미와 가치를 고민하기 시작했다. 일에 대한 고민은 입사 동기들과 연말 모임에서 단골 술안주였다.

책 『세이노의 가르침』, 『왜 일하는가』, 『일의 감각』에서 나보다 먼저 고민한 사람들의 생각을 읽었다. 세이노, 이나모리 가즈오, 조수용. 일에서 성과를 만들어낸 사람의 이야기에서 공통점을 발견했다. 그들은 처음부터 수출탑과 산업 훈장을 목표로 하지 않았다.

처음부터 세계적인 세라믹 제조 기업 교세라를 만들려고 하지 않았다. 처음부터 네이버와 카카오톡의 사장을 꿈꾸지 않았다. 그냥 시작하였고, 그 누구보다 맡은 일을 치열하게 했다. 지금 하고 있는 일에서 의미와 가치를 만들고, 단단하게 만들었던 사람들이었다.

첫 현장의 기억을 돌이켜보면, 부딪히는 모든 순간이 처음이었다. 카타르라고 불리는 중동의 나라. 비행기에서 내리자마자 높은 기온과 습도로 한증막의 느낌. 건설 현장 첫 근무를 해외에서 시작한 경험. 컨테이너 형태 숙소에서 먹고 자며 일한 일상. 새벽 3시에 일어나서 출근해서 밤 10시까지 일에 몰입하고 헌신한 시간. 모래밖에 없는 사막에 콘크리트로 건물을 지었다. 철골, 기계들을 해외에서 가져와 설치해서 발전소를 건설했다. 전기를 생산해서 카타르에 사는 사람들에게 도움을 주는 성취감. 그 성취감이 내가 지금까지 해외에서 일하고 있는 의미와 가치였다.

40대 중반에 들어서니, 가치관이 변했다. 첫 단추를 잘 끼워야 결과까지 좋다는 믿음으로 학창 시절 보냈다. 학업이든 인간관계든 그랬다. 성적이 좋기 위해서는 올바른 방법으로 기초부터 하나씩 쌓아야 했다. 그래야 대학교에 가고, 장학금도 받을 수 있었다. 사회생활을 하며 변하지 않을 것 같던 내 필승 공식이 깨졌다.

내가 알고 있는 길이 틀리기도 했다. 옳은 방법을 찾느라 제자리에서 웅크리기만 했다. 다른 사람들이 하는 수단이 더 크고 좋아 보이기도 했다. 과거 돌아보기, 소중하다. 미래 상상하기, 의미 있다. 그러나 현재에 집중하는 태도가 그 무엇보다 중요하다. 현재에서 의미를 찾지 못해 불안하며 기다리기보다, 부딪혀 일하며 의미를 만들어 가는 방법도 좋다. 옳다고 생각하는 순서를 바꾸어도 틀리지 않을 수도 있다는 사실을 발견했다.

7. 항상 준비되지 않은 시작

오드리진

꼬마야 꽃신 신고 강가에 나가 보렴. 오늘 밤엔 민들레 달빛 춤출 텐데…

— 산울림, '꼬마야'

'꼬마' 그리고 '막내'는 내 어릴 적 별명이었다. 나는 또래 친구들 사이에서 항상 키 작은 아이였다.

사람들이 생각하는 봄은 따뜻하다. 어깨를 감싸는 기분 좋은 햇살과 환하게 피어나는 온갖 연분홍 꽃, 깔깔 웃는 노란 개나리꽃 무리. 봄비를 즐기려 앞다투어 올라오는 연한 녹색의 고운 잎들. 모든 시작과 설렘, 눈물 나게 예쁜 아기의 해맑은 미소를 떠올릴 것이다.

내 인생의 봄은 그런 싱그러운 핑크빛이나 촉촉함과는 거리가 멀었다. 자연이 전해주는 소리에는 관심이 없었다. 스무 살이 되기 전, 그때가 내 인생의 긴 첫봄이 아니었을까. 나의 봄은 착각의 계절이었다.

3월 24일, 봄에 태어났다. 12월 눈 오는 크리스마스 즈음에 태어났으면 하는 바람이 있었다. 겨울에 생일을 맞는 아기는 따뜻한 사랑을 많이 받을 것만 같은 생각에. 김이 모락모락 나는 라면과 커피 향이 간절한 그리움의 계절, 따뜻한 바다의 온기가 코끝에 찬 공기를 만나고, 눈가 촉촉한 추억을 새길 때의 아련함. 12월의 캐럴은 귀를 통해 마음속까지 묘한 행복으로 물들이고, 지붕과 나무를 덮으며 조용히 내리는 함박눈은 동화 속을 걷고 있는 착각을 하게 한다. 나의 상상 속 겨울은 사람을 따뜻하게 덮어주는 계절이다.

중학교 3학년 2학기, 세상 전부처럼 느껴졌던 친구들이 있었다. 우린 여섯 명이었고, 우리만 있으면 완벽하다는 의미로 '완전체'라는 닉네임을 붙였다. 오만하게도 다른 누구도 필요 없음을 의미했다. 고등학교 2학년까지 같이 웃고 울고 뒹굴며 많은 추억을 쌓아갔다. 그중 P와 L은 다른 또래에 비해 키가 컸다. P는 키가 작아 고민하는 나와 Y에게 진지하게 말했다. "키가 크려면 비를 많이 맞아야 해. 나도 비를 많이 맞아서 큰 거야." 15살이나 된 나는 어처구니없게도 그 말을 믿었다. 아니, 믿고 싶었겠지.

나와 친구 Y는 비가 오면 신났다. "P는 믿을 수 있는 친구야"라는 내 말에 Y는 설마 하는 표정을 지었지만, 키가 클 수 있을 거란 희망 때문인지 비가 오는 날에는 우산도 없이 기꺼이 나와 같이 비를 맞곤 했다, 즐거운 마음으로. 일부러 운동장으로 뛰어나가 첨벙

거리며 두 팔을 벌려 기분 좋게 빗속을 걸었다. 그때 알았다. 우산 없이 비를 맞는다는 것이 또 하나의 자유를 만끽하는 기분이 든다는 것을. 시간이 멈추어주길 바랄 만큼 신나고 즐겁다는 것을. 물론 키는 더 자라지 않았다. 우린 그렇게 시간을 같이하며 우정을 키워갔다.

고등학교 1학년 봄, 친구들과 더 많은 시간을 보내고 싶었던 나는 대학 진학을 핑계로 부모님을 졸라 과외를 시작했다. 우리에게 과외 선생님이 생겼다. 과외 선생님 H는 D대학교 학생이었다. 스물한 살의 과외 선생님. 우리와 나이 차이가 다섯 살. 지금 생각하면 아주 큰 차이도 아닌데, 그때는 선생님이 왜 그리 어른처럼 느껴지던지….

수업 시간에 누군가 꾸벅꾸벅 졸기라도 하면, 방 한구석에 세워져 있던 기타를 가지고 와서 "얘들아, 이 노래 알아? 내가 노래 가르쳐줄게" 하며 노래를 불러주었다.

"타박타박 타박 너야 혼자 울며 어디 가니 우리 엄마 무덤가에…."

선생님의 자취방은 일곱이 앉기에 넉넉하지 않았다. 좁은 자취방에 책상을 놓고 빙 둘러앉았다. 2월은 아직 추운 날씨였다. 선생님은 우리가 오기 전 미리 연탄불로 바닥에 온기를 채워놓았다. 방바닥은 마치 지금의 찜질방처럼 따뜻했다. 과외를 한다고 급하게 만든 좌식 책상, 선생님은 한쪽 구석 의자에 앉아 작은 칠판에 글씨를 써가며 우리를 가르쳤다. 덕분에 성적은 그럭저럭 유지할 수 있었다. 과외는 고등학교 2학년 2학기 9월까지 순조로웠다. 선생님에게는 우리 말고 고등학생 두 팀이 더 있었는데 처음으로 가르치게 된 우리를 특별히 아끼는 것 같았다. 선생님은 인기가 좋았다. 영화에 나오는 반항아 같은 느낌이었다.

사람은 가까워질수록 깨닫는 것이 생긴다. 그중 하나는 서로 아주 다르다는 것이다. 그리고 가깝다는 것은 때때로 사건을 만들기도 한다. 우리 중 어른스럽던 친구 L과 K는 선생님에게 남다른 감정을 품었다. 그들은 선생님에게 잘 보이기 위해 공부를 더욱 열심히 했다. 경쟁적으로 선생님에게 선물을 주고 편지도 쓰곤 했다. 선생님과 다른 친구가 조금 다정하게 이야기를 나누면 질투 어린 눈빛을 보였다. 이런 마음은 시간이 지날수록 친구들 사이를 불편하게 만들었다. 나는 나도 모르는 사이에 두 친구의 고민 상담자 역할을 하게 되었다. 그녀들은 너무나 진지했다.

어느 일요일 오전, 선생님이 우리 집으로 전화를 했다. 모의고사 성적이 잘 나와 축하한다며. 그런 의미에서 맛있는 빵을 사주고 싶다는 전화였다. 나는 신이 나서 약속 장소로 갔다. 당연히 완전체 친구들도 있을 거라고 믿었다. 약속 장소에 도착해보니 친구들이 보이지 않았다. 시간이 지나도 친구들은 오지 않았다. 나에게만 연락을 한 것이었다. 당황스러웠다. 어색하게 빵을 먹고 있는데, 선생님이 입대를 앞두고 있다고 말했다. 그리고 "막내야, 너 나 어떻게 생각하니?"라고 심각하게 물었다. 처음에는 무슨 말인지 이해가 안 됐다. 선생님이 나에게 호감이 있다는 사실을 이렇게 표현한 것이다. 나는 도망치듯 자리를 피했다. 나는 키도 작고 K와 L처럼 예쁘지도 않은데. 결정적으로 나는 선생님을 좋아하지 않는데.

그 후 과외가 있는 날이면 아프다는 핑계를 대며 가지 않았다. 집으로 여러 번 전화가 왔지만 받지 않았다. 나에게 그런 말을 한 선생님을 두 번 다시 보고 싶지 않았다. 친구들 얼굴이 떠올랐다. 앞으로 어떻게 해야 하나. 이상한 분위기를 눈치챈 친구 K와 L이 어떻게 그럴 수 있냐는 듯 나를 멀리했다. 나는 괴로웠다. 이 상황이 빨리 끝나버리면 좋겠다고 생각했다. K를 이해시키기 위해 따로 만나자고 연락을 했다. 나 아닌 다른 사람을 이해시킨다는 것이 얼마나 어려운 일인지 그때는 몰랐다. 나는 어렵게 이야기를 꺼냈다. 좋아하는 사람이 있다고 말했다. K는 놀라며 누구냐고 다그치듯 물었다. 나는 울먹이며 가수 산울림의 김창완이라고 말했다. 그 사람의 오랜 팬이며, 부끄럽지만 많이 좋아하고 있다고. 나의 어려운 진심 앞에서 K는 장난하지 말라고, 어처구니없다는 듯 더 화를 냈다. 이 사건 이후 그렇게 가깝던 우리 여섯은 서먹해지기 시작했고 결국 헤어짐의 아픈 시간을 겪어야 했다.

고등학교를 졸업하고 십 년 이상 친구 K와 연락을 하지 않았다. 지금 생각하면 아무 일도 아닌데, 친구들과 멀어지는 시간이 너무나 힘들고 고통스러웠다. 돌아누워 베갯잇을 눈물로 적시며 보냈던 날들.

나의 어린 시절은 착각의 계절이었다. 그때의 나는 원하기만 한다면 김창완과 결혼할 수 있을 거라고 믿을 정도였으니 말이다.

2025년 봄, 과외 선생님의 장례식장에 다녀왔다. 소식을 듣고 찾아온 그때의 친구들과 그 시절 이야기를 했다. 한 편의 흑백 영화처럼 그려지는 우리들의 이야기.

'아, 그때가 내 봄이었구나.' 계절을 알리는 봄은 늘 겨울이 준비하는데, 예의 없는 나의 봄은 노크도 없이 갑자기 찾아온다.

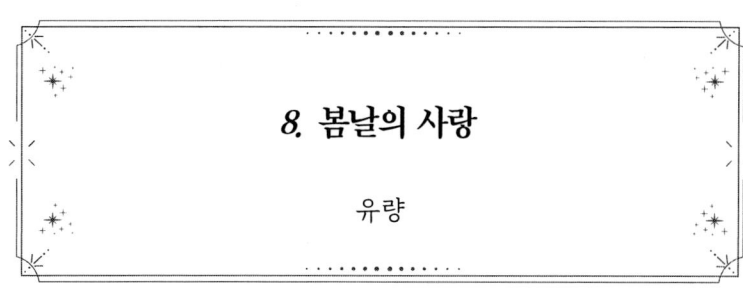

8. 봄날의 사랑

유량

"나는 독신주의자야."

그가 비장한 말투로 내게 말했다. 이유는 엄마 때문이라고 했다. 하나밖에 없는 아들에 대한 지나친 집착에 첫사랑과 아프게 헤어지고 나서 결혼을 안 하고 혼자 살아야겠다 마음먹었다고.

처음 그 이야기를 들었을 때는 예사로 들으며 이렇게 생각했다. '나한테 왜 저런 얘기를 하지. 그게 나랑 무슨 상관이라고.' 그는 그냥 같은 과 동기 중 한 사람일 뿐이었다.

어느 날 저녁, 심각하게 만나자고 해서 나갔더니 다짜고짜 나를 책임지겠다고 했다. 내가 자기를 신경 쓰고 있다는 소문을 들었다면서. 그러니 자기랑 사귀자고 했다. 나는 아니라고, 그런 말 한 적 없다고 말했지만 그는 내 말을 믿지 않았다. 나에 관한 소문인데, 내 말보다 다른 사람 입에서 나온 말을 더 믿었다. 소문을 핑계로 밀어붙이고 싶었는지도 모른다. 지금 생각해보면 말도 안 되는 근거로 내게 접근한 거다. 핑계는 부실했지만, 진지한 그 표정이 나를 좋아하는 것 같았다. 그게 또 싫지만은 않아서 그냥 받아들였다. 그렇게 첫사랑이 왔다.

사랑이 시작되었고, 성격에도 안 맞는 순종도 함께 시작되었다. 고작 한 살 차이인데 어른처럼 구는 그에게 마냥 끌려다녔다. 사귀기 전에는 따지고 싸우고 더러는 무시하고 넘어갔던 일들이 사귐과 동시에 말투, 행동, 가치관 모두 지적당하고 고칠 점이 되었다. 나도 본인처럼 어른스럽게 굴길 바랐다. 나는 자주 말을 입안으로 삼켜가며 착한 여자 친구 코스프레를 했다. 처음에는 힘든지도 몰랐다. 그때는 잘 보이고만 싶었다. 스무 살 내 첫사랑이니까.

그가 갑자기 군 복무를 빨리 마쳐야겠다며 자원해서 입대한다고 했다. 그러더니 자기 부모님에게 인사를 시켰다. 그 모든 일에 상의는 없었다. 서로를 위해 좋은 선택이라고 이야기했다. 난 싫다는 의사 표현 한 번 제대로 하지 못하고 그대로 받아들였다. 그는 겨울방학이 되기 직전 군에 입대했다. 방학이 되자마자 그의 엄마에게서 전화가 왔다. 어차피 다른 곳에서 아르바이트할 바에는 본인 교복집에서 일하라는 것이었다. 내게 썩 괜찮은 제안인 것처럼 이야기했다. 나는 이번에도 거절하지 못했다.

집에서 교복 집까지 버스로 1시간. 첫날부터 무거운 마음으로 새벽잠을 설치며 버스에 몸을 실었다. 매일 다림질을 하고 교복 맞추러 오는 학생들 신체 치수를 재고 기록했다. 점심때가 되면 밥을 하고, 국을 끓이고, 설거지했다. 교복 집 근처 중고등학교 교문 앞에서 교복 집 홍보지를 돌렸다. 그렇게 십여 일을 그의 부모님에게 혼나가면서 일을 하다 보니, 내가 왜 여기서 이러고 있나 싶었다. 아침마다 머리가 지끈거리게 아팠다. 버스 안에서 눈물만 하염없이 흘렸다. 나는 참고, 참고 또 참았다. 가끔 군부대에서 어렵게 걸려 오는 그의 짧은 전화에 단 한 번도 내색하지 않았다. 자기 가족들, 특히 엄마와 잘 지내고 있다고 생각하며 좋아하는데 거기에 대고 힘들고 싫다고 말할 수가 없었다. 내 나름의 순정이었다. 그렇게 두 달 남짓한 방학 내내 일을 했다. 그리고 받은 아르바이트 비용은 형편없었다. 온갖 생색이 더 넉넉했다.

그 후로도 그의 부모님은 여러 가지 이유로 내게 오라 가라 했다. 어느 날 저녁, 그와 주고받은 편지와 사진들을 몽땅 꺼내다 불에 태웠다. 그리고 연락을 끊었다. 이유는 말하지 않았다. 아니, 말할 수가 없었다. 내가 할 수 있는 최선의 배려였다. 엄마 때문에 결혼 안 하겠다고까지 했던 사람인데, 네 엄마 때문에 힘들어서 너와는 못 만나겠다는 말을 할 수가 없었다. 나 때문에 엄마를 다시 미워하게 하고 싶지 않았다. 그때는 내가 나쁜 여자가 되는 게 덜 미안할 것 같았다.

말했으면 달라졌을까. 그는 다쳤고 그의 엄마는 나를 원망했다. 나는 그들에게 가해자가 되었다. 어쨌든 그 일로 그 사람과 그의 엄마는 한편이 되었다. 다시 독신주의자로 돌아가지도 않았다. 학교를 졸업하자마자 결혼한다는 소식을 들었으니까.

시어머니 첫인상은 자식들에게 헌신하는 할머니였다. 일하는 딸들의 손주들을 돌보고, 술 좋아하는 아들들과 그들이 끌고 온 친구며 후배들 해장국을 끓여주는 할머니. 실제로도 시어머니는 내게 할머니뻘이다. 시어머니의 첫인상이 남편이라는 사람을 의식하게 만든 계기가 되었다.

남편과 사귈수록 내 성격이 나왔다. 챙겨주고 잔소리하고, 챙겨주고 잔소리하고, 잔소리하고 챙겨주고.

연애 때 내게 잘해준 기억은 딱히 없다. 술을 좋아하고 노는 걸 좋아하는 사람이었다. 그래서 나랑 만나다가도 친구들이 보자고 하면, 나는 집에 가라며 그 자리에서 매정하게 보내버리고 친구들을 만나러 갔다. 속상하고 서운하고 자주 외로웠다.

그런데 난 왜 못 헤어졌을까. 왜 결국 결혼까지 하고 외떨어진 객지에서 애 둘 낳고 30년을 살았을까. 힘들 때마다 생각했다. 내 발등을 찍고 싶게 후회될 때마다 살아야 할 이유를 찾았다. 그렇게 내가 찾은 이유는 내 성격대로 사랑해서였지 않았나 싶다. 말 한마디 편하게 못 하고 어려웠던 첫사랑이 아니라, 울고불고 화내고 잔소리 폭탄 날리다가도, 언제 그랬냐는 듯 또 엄마처럼 챙겨줘야 했던 사람이라서. 그러면 또 그 순간에는 알아듣는 것 같아서. 그러면서 내가 이렇게 애를 쓰니 언젠가는 알아주겠지, 내가 왜 속상해하고 잔소리하는지 깨닫는 날 오겠지, 자기 자신만 생각하지 않고 가족을 먼저 생각하는 날 오겠지 하며 살았던 것 같다. 혼자만의 대단한 착각으로.

8남매 막내아들로 사랑받으며 자랐다는데, 남편은 다른 사람을 사랑하고 공감하는 것에는 서툴다. 사실 서툰 것 하나만으로는 문제가 되지 않는다. 본인이 서툰 걸 인정하고 그래서 상대가 힘들다는 걸 안다면, 그래서 고쳐야겠다는 마음을 먹는다면, 노력해준다면. 노력에 인색하지 않다면. 말과 행동이 일치한다면. 문제는 거기에서 생겨난다. 진정한 사랑은 행동에서 보이는 것이라. 알고 보면 사랑은 명사가 아닌 동사라.

무심하고 무정한 사람과 살면서 뼈아프게 깨달은 것이 있다. 자기 엄마에게 다정하고 살뜰하게 돌보는 아들이 자기 아내와 아이들에게도 다정하다는 것이다. 효자 아들 만나지 말라는 말은 옛말이다. 진짜 효자는 본인이 할 효도를 아내에게 미루지 않는다. 부모의 수고에 진심으로 감사할 줄 안다. 그래서 하는 행동 자체가 다르다. 아내와 자녀에게 무신경하면서 본인 부모에게만 잘하는 사람은 없다.

사랑한다는 건, 그림자 드리운 대지에 구름이 걷히고 밝은 빛이 화사하게 드리우는 순간처럼 문득 찾아오는 것 같다. 어떻게 시작되었든, 내가 준비되어 있든 아무런 준비가 되어 있지 않든. 내 사랑은 봄날의 비처럼 문득 찾아와서 살며시 내렸다. 그리고는 따뜻하고 나른하게 마음을 녹였다. 간질간질하고 들뜨게 하는 순간들. 그 느낌이 나쁘지 않았다. 그렇지만 그 사랑은 한순간에 꽃샘추위로 돌변해 싸늘하게 상처를 내고 말았다. 화들짝 놀라 잔뜩 움츠러들게 만들어버렸다. 봄인가 싶어 한껏 꽃망울을 터뜨렸더니, 시샘이라도 당하는 것처럼 때늦은 폭설에 얼어버리고 말았다.

그래도 봄날이 좋다. 사랑하는 마음이 좋다. 놀란 가슴은 날 늘 울보로 만들어버리지만.

날이 풀리고 어제 보이지 않던 새싹이 오늘 땅 위로 고개를 살며시 내민 걸 볼 때면 종종 그런 생각을 한다. 그래, 세상에 쉬운 게 없지. 저 작은 새싹 하나도 밤새 땅이, 하늘이, 바람이 수고를 아끼지 않아서 세상에 나올 수 있었을 텐데. 사랑도 수고가 필요하겠지. 그 수고로 예쁜 꽃을 피우고 말겠지.

나는 분명 사랑으로 성장하고 있다.

9. 내 나이 10살! 엄마 등에 업혀 있었다

해돋이

어느 날 나는 엄마 등에 업혀 있었다. 이날은 초등학교 입학식을 하는 날이었다.

이때만 해도 혼자 걸을 수 없었다. 왼쪽 가슴에는 긴 손수건을 달고 엄마 등에 업힌 채 입학식 줄에 합류해 있었다. 다른 아이들은 고사리 같은 옆 짝꿍의 손을 잡고 각 반에 편성되어 줄을 서 있었다.

나만 엄마 등에 업혀 그 줄에 서 있었고 어른은 우리 엄마뿐이었다.

맞다. 나는 혼자 걷지 못하는, 장애가 있는 작은 여자아이였다. 초등학교 입학 전까지 혼자 스스로 걸어본 적이 없었다. 엄마는 내가 걸을 수 있을 것이라 믿고 있었다. 여러 병원에서 치료했으나, 그런 병원마다 돌아오는 말은 한결같았다. '이 아이는 걸을 수 없어요'

라는 것이었다. 그래도 엄마는 내가 걸을 수 있을 것이라고 믿고 포기하지 않았다. 방에서 매일 걷는 연습을 시키셨다. 어린아이의 마음으로 힘들어 연습하기 싫었다. 뭔가를 잡고 일어나는 것이 귀찮았다. 힘겹게 겨우 잡고 일어서서 한 걸음도 걷지 못하고 넘어지는 것을 반복하는 것이 버겁기만 했다. 계속되는 넘어짐이 무섭기도 했다. 그냥 앉아 있고만 싶었다. 연습해도 안 되는 것을 왜 하는지도 몰랐다. 어쩌다 넘어지지 않고 한 걸음 걸으면 엄마는 희망을 가지며 많이 좋아하셨다.

엄마가 행복해하는 모습을 보고 힘들었지만 걸으려고 노력했다. 하지만 8살 취학통지서가 집으로 올 때까지 걷지를 못했다. 스스로 걸어 학교에 다니게 하고 싶었던 엄마는 취학통지서를 주민센터에 반납하셨다. 그래서 2년이나 늦게 초등학교에 입학하게 되었다. 이때가 내 나이 10살! 세월은 참 잔인했다. 엄마의 간절한 희망에도 불구하고 걷지를 못했다. 세 번째 취학통지서를 받은 엄마는 결국 무거운 나를 업어서 초등학교에 입학을 시키셨다.

입학하기 전까지 엄마는 목발(이하 지팡이로 표기)을 사주지 않았다. 스스로 밖을 나와본 적이 없는 나는 항상 집에서 그림을 그리고 인형 놀이를 하며 혼자 놀았다. 학교에 입학시키고 돌아와, 걷게 하는 걸 어쩔 수 없이 포기한 엄마는 지팡이를 사주셨다. 이날 너무도 좋아서 엄마의 마음을 살피지 못했다. 혼자 걸어서 밖을 나갈 수 있다는 기쁨에 첫 지팡이를 짚던 날 친구네 집으로 놀러 갔고, 걸을 수 있게 되었다고 자랑을 했다. 해가 질 무렵 집으로 돌아와 엄마의 울음소리를 들었다. 이날 엄마는 혼자 이렇게 말씀하셨다.

"내가 이것(목발)만은 절대로 살 일이 없을 줄 알았는데"라고 말하며 울고 있는 것을 내가 듣고 말았다.

이때부터 엄마 바라기가 되었다. 나의 하루는 엄마의 기분이 어떤가를 살피는 것으로 시작했다. 내 인생의 목표는 이제 정해졌다. 엄마를 기쁘게 하는 삶을 살아야겠다고 결심했다. 초등학교 입학 후 공부도 잘했고, 성적이 90점 아래로 내려가본 적이 없었다. 공부를 잘해 성적이 100점이면 엄마는 기뻐하셨다. 친구들과도 항상 힘차게 잘 놀았다. 동네 친구 부모님에게는 공부 잘하는 내가 당신네 자녀들의 친구가 되는 것만으로도 보증수표였다. 이렇게 흔히 부모님들이 바라는 자녀의 모습으로 성장해갔다. 이런 과정들은 엄마에게 기쁨을 안겨주었다. 엄마가 기뻐하는 모습을 보게 되자 뭐든지 잘하려고 노력을 했다.

힘들어도 힘들다는 말 한 번 한 적이 없다. "괜찮아, 내가 할게"라는 말에 익숙해 있었다. 마음속 깊이 있는 감정을 온전히 진실하게 표현해본 적이 없었다. 힘들다고 말해서 엄마 마음이 우울해지는 것이 싫었다. 그저 엄마가 웃는 모습만 보고 싶었다. 그래서 내 감정을 표현하지 않았다. 지금 생각해보면 어린 시절 행복했다기보다 행복하기 위해 노력을 한 것 같다. 내 행복의 기준은 엄마였다. 아침에 일어나 엄마 얼굴을 먼저 살피는 것이 습관이 되었다. 어떻게 하면 엄마가 웃을까 하는 생각으로 꽉 차 있어서 나의 감정 따위는 생각할 여유조차 없었다.

초등학교 입학을 2살 적은 동생과 함께했다. 동생과 함께 입학하게 되면 불편한 언니의 가방을 들어줄 것이라고 생각했던 것 같다. 하지만 이것은 최악이었다. 친구들과 어울리고 싶었던 동생은 나의 존재를 불편하게 여겼고, 그런 동생 앞에서 언니인 내 몫의 행동을 못 한다는 이유로 알 듯 모를 듯 기가 죽어 있었다. 원하지 않았던 유리 벽이 놓여 있었고 마음속에 동생은 저만치 멀리 있었다.

학교에서 피해 다녔던 동생도 언니인 내가 장애를 가지고 있었기 때문에 엄마의 보살핌은 물론, 또래들이 하는 행동들의 정당성조차 인정받지 못했던 것 같다.

초등학교에 입학한 그해 가을! 학교에서 소풍을 갔다. 소풍 가는 날은 아이들에게는 잔치나 다름없는 행복한 날이었다. 과자를 듬뿍 사고, 원하는 용돈도 많이 주셨다. 우리 엄마도 그랬다. 동생은 소풍 간다는 흥분된 마음으로 과자를 가득 사 왔다. 부러웠다. 하지만 입 밖으로 마음을 표현할 수 없었다. 또 엄마의 마음을 먼저 살피는 내가 되어 있었다. 그때 마침 엄마는 동생을 꾸짖었다. "인정 없이 네 것만 사 왔냐"라고 하며 나무라셨다. 당시, 나도 어린 나이였지만 혼나며 울고 있는 동생을 보자 부러워했던 마음은 사라지고 없었다. 그저 동생에게 많이 미안했다. 마치 장애가 내 잘못인 것만 같았다. 초등학교 1학년이면 동생도 겨우 8살! 아무것도 모르는 어린아이였다. 그런 동생이 내 탓만 같은 꾸지람을 듣고 있는 것이 싫었다. 동생은 지금 잊고 있을지 모르는 그날의 아픈 마음이 이 글을 쓰고 있는 지금도 마치 어제인 듯 느껴지고 있다. 이날 엄마와 나, 동생은 누구의 탓도 아닌 서로의 피해자가 되어 있었다.

이런 일을 겪을 때마다 작아지는 자신을 느끼게 했다. 다른 사람의 마음을 먼저 살펴보려는 신경이 발달하게 된 것이 이때부터였던 것 같다. 그러한 신경이 발달할수록 내 감정은 더욱더 표현할 수 없었다.

소풍을 가지 못하고 내 것의 과자가 없어도 괜찮았다. 그저 엄마만 기쁘면 그날이 선물이었다. 마치 상을 탄 듯이 기분 좋은 날이었다.

지금 내 나이 중년을 지나고 있고, 바라기였던 엄마는 이제 요양병원에 누워 계신다. 마음의 울타리였던 엄마는 이제 아무것도 할 수 없고 누워만 있다.

한 평도 되지 않는 침대에는 머리가 새하얗게 변한 약한 모습의 한 할머니가 누워 있다.

예전에 엄마가 내 생의 전부였기에 엄마 주변의 변화들에 대해 받아들이지 못하고 심한 불안감을 가졌다. 언제나 엄마는 거기에 그렇게 그대로 있어야만 한다고 생각했다.

만약 장애를 가지고 있지 않았더라면 엄마를 한 사람의 객체로 받아들이는 것이 좀 더 쉬웠을 것이다. 다른 언니들처럼 나만을 위한 주장을 말할 수 있는, 조금은 이기적인 한 사람이었을 것이다.

하지만 걸을 수 없어 활동 반경이 좁았던 내 곁에는 육 남매를 키우는 엄마의 고된 삶이 있었다. 나의 눈에는 언제나 그런 엄마의 삶이 보였기에 엄마의 감정에 의해 나의 감정이 정해지는 아주 위험하고 약한 삶을 살았던 것 같다.

중년이 된 이제야 마음으로부터 엄마를 향한 바라기를 내려놓고, 엄마의 주변 변화들에 대해 두려움 없이 맞이할 수 있게 되었다. 정서적으로 성장하지 못하고, 독립되지 못해서 주변의 변화들에 대해 받아들이는 것이 서툴러 겪어야 했던 어려움을 이제는 자연스럽게 대할 용기가 생겼다.

긴 시간 땅속에서 움츠리고 있던 씨앗이 봄에 새싹이 되어 세상에 나오듯, 파란 하늘 아래 햇살을 받으며 생의 봄을 맞이하려고 한다.

제 2 장

열정,
아직 식지 않은 내 인생

1. 지나고 보니, 모든 게 낭만

강명경

그 여름, 나는 완벽하고 싶었습니다. 모든 것이 열정만 있으면 다 해낼 수 있을 것 같았어요. 실패보다는 멈추는 게 싫었고, 뜨겁고도 혼란스러운 시간을 보냈습니다.

나뭇잎들 사이로 스며드는 빛줄기가 눈이 부셔 손바닥을 펴서 가려봅니다. 뜨거운 햇빛 아래 푸른 녹음이 우거진 계절, 안정감을 갈망할 때, 매 순간들을 앞만 보고 무작정 달려가던 시절인 20대는 여름을 닮았습니다. 하고 싶은 것도 잘하고 싶은 것도 많았죠. 내가 생각하고 바란 성공의 모습은 두 가지였어요. 누구에게나 능력을 인정받는 커리어 우먼의 모습으로 사는 것. 그리고 같은 방향으로 함께 걸어가는 따뜻한 동반자가 있는 것. 그러니까 일과 사랑을 모두 '잘하는' 완벽한 사람의 모습으로 성공하고 싶었습니다.

스무 살, 대학교에 입학한 3월부터 학과 대표를 맡았어요. 학과 동아리를 하다가 총학생회에 들어가기도 했고요. 비싼 등록금을 냈는데 이왕 다니는 거 하나라도 더 얻어가고 싶었거든요. 학과 전공 이외에도 복수전공과 교직 이수 중에 하나를 선택할 수 있지만, 교직 이수는 신청한다고 해서 바로 들을 수 없었어요. 다행히 공부한 만큼 성적이 나왔고 교직 이수를 신청해서 좀 더 바쁘게 강의를 들으러 다녔어요. 쉬는 시간은 단 10분. 다른 단과대학까지 거리가 꽤 있어서 강의에 늦지 않으려면 매번 뛰어야만 했죠. 대학교 4학년 때는 취업 준비를 합니다. 학과와 관련된 현장 실습을 나가서 직접 체험해보고 졸업 후의 진로를 정합니다. 학과 현장 실습으로 어린이집과 교생 실습으로 중학교를 다녀왔어요. 경험해보니 취직보다는 좀 더 배워야 할 것 같았고 대학원 진학 준비를 했죠. 단번에 붙었어요. 모든 게 기회로 주어진 것 같아 신이 납니다.

원하는 것들이 크고 작게 이뤄지면서 점점 잘하고 싶은 마음이 듭니다. 잘해내지 못하면 안 될 것 같기도 했지만요. 지금 생각하면 모든 것을 문제없이 한다는 막연한 자신감은 열심히 사는 것을 당연하게 만들었어요.

처음으로 조교라는 자리를 제안받았어요. 해보지 않은 것에 대해 도전하고 싶은 마음이 먼저 들어 흔쾌히 해보겠다고 했죠. 낮에는 대학원 수업을 듣고, 그 외에는 조교 연구실에서 틈날 때마다 교수의 수업 자료를 정리하고 이메일 답장을 보냅니다. 업무를 마치면 공부를 하고요. 하루를 분 단위로 쪼개서 사용합니다. 공부가 손에 잡히지 않을 때는 가끔 장소를 옮깁니다. H전철역 입구 1층에는 탐앤탐스 카페가 있어요. 가방 속에는 노트북과 전공 서적, 출력해둔 여러 편의 학술지, 이어폰이 들어 있습니다. 구석진 곳에 가방을 두고, 달콤한 고구마무스가 듬뿍 들어 있는 프레즐과 딸기스무디를 시킵니다. 여기서는 왠지 외국 문헌이 잘 읽히고, 진도도 잘 나갈 때가 있거든요. 이렇게 내게 맞는 컨디션들을 하나씩 찾아가는 재미도 느꼈죠. 아쉬운 건 저녁 시간에 문을 닫는다는 거예요. 늦게까지 할 일이 남은 날엔 24시간 카페를 갔어요.

옆 테이블에서는 뭐가 그리 좋은지 친구들끼리 이야기를 나누며 웃습니다. 그 모습이 어찌나 부럽던지요. '뭐가 저렇게 행복할까. 나도 마음 편히 수다 떨면서 웃고 싶다' 생각하다가 노트북을 바라봅니다. 오래 앉아 있으면 뭔가 나올 줄 알았는데, 피로감만 쌓여갑니다. 노트북을 켜둔 채 화면만 멍하니 바라보다가 아무것도 쓰지 못하고 밤을 새웁니다. 쉬고 싶다는 마음과 쉬면 안 된다는 마음이 부딪쳐요. 할 수 있는 만큼 시간을 들여도 휴식 없이 채찍질로 몰아붙입니다.

달려야만 살 수 있을 것처럼 매 순간을 불태웠습니다. 햇살이 뜨거워질수록 마음도 바빠졌고, 여유가 허락되지 않았죠. '내가 지금 이럴 때야?', '이게 맞아?' 하는 생각은 제 마음의 속도를 끌어올립니다. 뭔가를 붙잡고 있지 않으면 내가 쓸모없어질 것 같았어요. 이런 마음은 불특정 다수에게 잘 보이고 싶게 했습니다. 일에서도, 사람을 대할 때도, 심지어 강의실이나 지하철에 앉아 있는 모습까지도요. 이건 나를 나아가게 하면서도 멈추게 했어요. 남들이 하는 실수는 괜찮다고 관대하면서도, 나한테는 '실수하면 절대 안 돼'였거든요. 잠깐의 실수는 지금까지 노력한 것이 무너질 수 있다는 불안으로 휘감겼고, 그림자처럼 계속 나를 따라다녔죠. 중요한 일을 앞두면 심장이 빨리 뛰고, 펜을 잡은 손의 미세한 떨림이 멈추지 않았어요. 긴장 모드가 되면 일은 더욱 손에 안 잡힙니다. 점차 소진되어 가는 줄도 모르고 지쳐갑니다.

바닥에 주저앉은 채로 얼마나 시간이 흘렀을까. 중학교 시절부터 가슴 한 켠에만 담아 두고 있던 꿈, '연기'가 생각났어요. 그 당시 VJ는 연예인 입문 과정이었죠. 오디션만 참가해보지 싶어 인터넷 카페에 신청서를 적어 보냈어요. 일요일 아침, 부모님 몰래 서울에 가려고 일찍부터 서둘러 준비하는데 아빠에게 딱 들켰습니다. "아침 일찍 일어났구나. 어디 가니?" 이제 온 가족이 알았고 모두가 예상대로 극구 반대합니다. "거기가 어딘 줄 알고 가니", "혼자서 겁도 없이 용감하다", "아직 어려서 안 돼. 대학교 가면 원하는 거 다 해"라는 엄마와 이모들, 그저 가슴 속에 담아둘 수밖에 없던 희망이었죠. 10년이 지나서야 엄마에게 혹시나 하는 마음으로 슬쩍 말을 꺼냅니다. "어릴 때부터 해보고 싶던 연기 있잖아. 더 늦기 전에 지금 배워보고 싶어." 엄마는 하고 싶었던 걸 해보라며 흔쾌히 허락합니다. 어릴 땐 무작정 반대했는데, 이젠 뭐라도 시도하길 바라는 마음일까요. 그렇게 강남역에서 10분 이내에 있는 S 연기학원에 등록합니다.

학원 연습실 문을 열자, 방 안에는 작은 테이블 하나와 커다란 전면 거울이 있습니다. 눅눅한 땀 냄새가 밴 낯선 공간, 처음 온 듯한 사람들 사이로 조심스럽게 들어갑니다. 쉬는 시간에 학원을 둘러보니 거울 앞에 서서 독백 연습하는 사람, 목을 푸는 사람, 오디션에 보낼 연기 영상을 촬영하는 사람, 서로 대사를 주고받는 모습들도 보입니다.

첫 수업에선 발성과 호흡을 배웁니다. 평소에는 전혀 인식하지 못했던 아랫배의 근육을 움직여야 했고, 발음을 내는 입과 혀가 꼬입니다. 거울 앞에서 "안녕하세요"를 반복하며 상황에 맞게 억양을 바꿔봅니다. 다양한 표정을 낼 땐 낯설어서인지 민망하면서도 웃겨요. 해보고 싶었던 일이기도 했지만, 전혀 다른 장르에 놓인 내 모습이 낯설고도 설렙니다. 살아 있다는 기분이 드는 것, 들뜨고 신이 납니다. 스튜디오에 가서 프로필 사진을 찍고, 오디션 공고가 올라오면 지원서를 보내요. 영화나 광고 오디션을 볼 기회가 생기고, 우리끼리 단편영화도 찍어봅니다. 무대와 카메라 앞에 설수록 예쁘게 보이고 싶은 마음보다 배역을 제대로 소화해서 극 중 인물을 표현해보고 싶어집니다. 주어진 캐릭터에 몰입해서 표현하려면 나를 내려놓아야 하거든요. 수업이 끝나고 집으로 가는 길, 강남의 밤거리는 언제나처럼 화려하고 분주합니다. 다시 무언가를 하는 느낌입니다.

학원 수료식을 앞두고 마지막 작품으로 연극 무대를 준비합니다. 짜장면을 먹는 소녀 '장미' 배역을 맡았어요. 주인공은 아니지만 대사를 외우고, 동기들과 호흡을 맞추며 대사를 주고받는 순간들, 무대 뒤에서 숨을 고르며 대기하던 긴장감, 무대 위에서 조명을 받는 과정들은 감동의 연속입니다. 가족, 지인들을 초대한 최종 연극을 마치고, 무대 조명이 모두 꺼집니다. 박수 소리와 휘파람 소리가 계속됩니다. 동기들과 "우리 이 정도면 잘했지?" 하며 서로의 등을 두드리면서 수고했다는 포옹을 합니다. 오랜만에 완성이라는 의미를 다진 것 같습니다. 극 안에서 맡은 나의 역할을 해냈어요. 그리고 동기들과 함께 어우러져 하나의 작품을 끝마치니 마음이 충만해집니다.

　방황이라고 생각한 시간, 누군가에게 잘 보이기 위해 힘겨웠고, 버티다가 무너졌다고 여겼습니다. 그날 무대 위에 선 나는 존재하는 것만으로 충분했습니다. 함께 땀을 흘리는 시간을 보낸 동기들과 여기까지 이끌어준 손 팀장님 덕분에 끝까지 완주했습니다. 벼랑 끝인 줄 알았는데 또 다른 시작점을 찍었습니다.

　옛 어른들의 말은 지혜라고 믿어요. 가득 찬 그릇에는 더 담을 수 없다는 말도 있는데, 난 무얼 믿고 그렇게 무모했을까요. 전에는 '번아웃이 올 때까지 자신을 돌보지 못하는 게 말이 되냐?' 싶었지만 나에게도 왔습니다. 앞만 보고 달려가다가 언제 만나도 이상하지 않을 번아웃이요. 막상 내 일이 되니 눈앞이 안개가 낀 듯 막막합니다. 일상의 의욕이 바닥으로 떨어집니다. 감정도 축 처지고, 웃는 날도 줄어듭니다. 보이지 않는 미래는 걱정도 생각도 하기 싫었죠. 열심히 살다 보면 만나는 빨간불은 휴식이 필요하다는 신호였어요. 나를 돌보고 챙겨야 했습니다.

　희끄무레하고 손에 잡히지 않는 안개 속에 있을 땐 그곳이 어디인지 몰랐습니다. 앞이 보이지 않아서 답답하고 머리 아프고 속이 메스껍거나 불안이 고조되는 것 같습니다. 이런 상태가 오래 지속될 것 같지만, 시간이 지나면 언제 안개가 있었나 할 만큼 맑은 상태를 만났어요. 안개는 온데간데 찾아볼 수 없을 때에야 그 속이 얼마나 고되었는지 알게 됩니다. '그때가 고통이었고, 힘들었구나.' 안개에 휩싸인 세상에서 나오면 어느 정도 회복을 위해 인생에서 휴식기가 필요합니다.

누구나 실수할 수 있다는 걸 알면서도 나는 실수하면 안 된다는 틀은 자신을 갉아먹고 있었어요. 남들에게 한없이 관대한 마음, 어쩌면 누군가에게 받고 싶은 나의 소망이 담겼을지도 몰라요. '절대 안 돼'가 '그럴 수도 있지. 괜찮아'로 변화되면서 '쉬어 가도 괜찮아'를 받아들입니다.

방황하고 흔들렸던 시간 덕분에, 나를 조금씩 이해합니다. 남들보다 빠르게 도달하지 않아도 괜찮았어요. 내 인생의 속도는 스스로 정해도 되니까요. 성취를 향한 열정과 갈망 속에서 벽을 만나거나 나의 한계에 부딪힐 때마다 좌절하고 쓰러지기를 반복했지만, 모든 흔들림은 나를 여기에 있게 하려 했나 봅니다. 여름이 없었다면 여전히 누군가가 세운 기준 잣대 안에서 나를 판단하고 실망하며 눈치 보는 삶을 살고 있었을지도 몰라요.

가장 방황하면서 뜨겁고도 진하게 살아 있는, 여름은 그런 계절인 것 같습니다. 도전했고 흔들리며 실패하기도 했지만, 다시 해보려던 때. 누군가에게 잘 보이고 싶기도 했고, 반대로 모든 걸 내려놓고 싶었던 때. 모든 감정이 혼재된 시간 속에서 내가 누구인지, 무엇을 원하는지, 어떤 방식으로 살아가고 싶은지를 조금씩 배워갑니다. 여름의 한가운데서 나에게로 가는 길을 몸소 걸었습니다.

지금 돌아보면 모든 게 서툴렀고 불안했습니다. 그래서 더 뜨겁고 순수했나 봅니다. 이루지 못한 꿈, 흔들리고 다친 마음, 다시 일어나기까지 다져낸 용기들. 모든 순간은 결국 나를 조금씩 단단하게 만들었지요. 모든 젊은 날이 낭만이라고는 못 해요. 그렇지만 방황마저도 낭만이 될 수 있다면 그 시절은 분명 내 인생에서 가장 반짝이던 순간들입니다.

문득, 그때의 공기가 다시 내 안을 조용히 스쳐 지날 때가 있습니다.

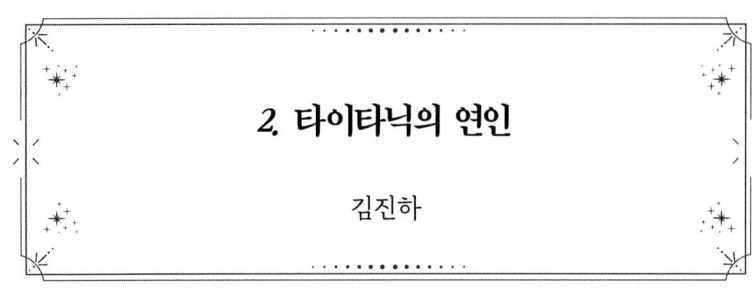

2. 타이타닉의 연인

김진하

 직장 생활을 시작하고 3년을 꼬박 부은 첫 적금이 만기 되었다. 수중에 이천만 원이 들어왔다.
 1995년에 받은 첫 월급이 57만 원. 그중 50만 원을 저금하고 나면 차비 빼고 고작 3~4만 원이 남았다. 친구와 밥 한번 먹는 데도 결심이 필요했다.
 게다가 사회 초년생으로 고군분투했던 날들. 실험 중인 데이터를 잃어버려 전직 조폭이라는 회장님께 불려 가 온종일 혼났던 첫 직장의 기억, 전화에서 엄마 목소리를 들으면 그렇게 눈물이 나던 김포 식품 회사의 기숙사 생활, 대기업 특유의 안정감은 있지만 기본급이 적어서 고생한 세 번째 회사 빙그레까지 어떻게 버텼나 싶다.
 적금 탄 돈을 그대로 은행에 예금했더니 다달이 30만 원이 넘는 이자가 통장에 찍혔다. 1998년은 IMF 여파로 이율이 30%가 넘었다. 시간도 돈도 여유롭고 풍족한 스물네 살이 시작되었다.

제임스 카메론 감독의 타이타닉(1998)이 개봉했다. 동시에 우리나라에서는 '직배 영화 반대 운동'이 펼쳐졌다. 타이타닉을 보면 외국 영화사를 통해 귀한 달러가 유출된다며 불매 운동을 시작한 것이다. 외환위기에 시대의 역적이 될 수는 없어 보고 싶어도 참아야 했다. 하지만 곧 종영이라는 소식이 들려오자 사람들의 눈을 피해 가장 마지막 타임 영화표를 사고 말았다.

화요일에 회사를 마치고 신흥역에서 대학 동기인 성애 언니와 만났다. 떡볶이로 간단히 요기하고 성남중앙극장에 도착하니 이미 8시가 넘어가고 있었다. 러닝타임이 3시간 이상이라 내일 회사에서 힘들겠지만 오래 기다렸던 만큼 설렘이 컸다.

1912년에서 그대로 끌고 온 듯 크고 화려한 타이타닉호의 등장. 1등 선실에 탄 귀족 아가씨 로즈와 3등실 배표를 행운으로 따낸 잭의 우연한 만남이 시작됐다. 여객선 1등실과 3등실의 대비되는 분위기와 파티, 그리고 음악. 뱃머리에 아슬아슬하게 올라 눈을 감은 채 날 듯 두 팔을 편 로즈와 뒤에서 안아주는 잭. 로맨스는 점점 무르익었다.

빙하에 부딪혀 침몰하기 직전, 반 토막이 나 수직으로 선 배 끝에 연인이 매달렸다. "우린 살 거예요. 로즈. 날 믿어요"라는 잭의 말에 "I trust you(믿어요)"라고 대답하는 로즈. 뒤이어 차가운 바닷속으로 둘이 떨어질 때 혼자라는 서글픔에 나도 모르게 눈물이 났다.

'저렇게 믿을 수 있는 누군가가 내게는 없다니.'

어두웠던 영화관의 불이 켜지자 앞에서 일어나는 낯익은 얼굴이 보였다. 얼마 전에 입사한 우리 팀 품질관리기사 R이었다. 옆에는 부인도 함께였다.

이 시간에 같은 영화를 심지어 앞뒤에 앉아 보게 되다니 신기한 우연이라고 생각했다.

다음 날 어느 때처럼 모란역 정류장에서 7시 40분 통근버스를 탔다. 앞에서 세 번째 자리에 앉아 있는 R이 보였다. 평소라면 다른 곳에 앉았겠지만, 어제 일도 있고 해서 옆자리에 가서 앉았다. "어제 영화 보러 가지 않았어요?"라고 말을 꺼냈다. R은 눈이 동그래지며 어떻게 알았냐고 했다. 바로 뒷자리에서 봤다고 하자 대뜸 남자 친구랑 같이 갔는지를 물었다.

"남자 친구가 없어서 여자 친구랑 갔어요"라고 대답했다. R은 손사래를 치더니 그런 영화를 여자 친구랑 보는 것이 말이 되냐며 친구 중에 자동차랑 돈이 있고, 얼굴은 까만 친구가 있는데 한번 만나 보겠냐고 소개팅 제안을 했다. 영화의 여운이 가시지 않았던 난 흔쾌히 승낙했다.

3월 7일, 모란역 앞의 카페 K로 약속을 정했다.

소개팅 일주일 전 회사에서 설봉산으로 단체 산행에 갔다. 300m 높이의 그리 높지 않은 산이었지만 2월의 쌀쌀함에 낙엽 아래에는 눈이 얼어붙어 있었다. 가볍게 돌 사이를 건너던 난 미끄러지며 순식간에 앞으로 고꾸라졌다. 바위를 짚은 두 손바닥이 패여 피가 나고, 부딪힌 무릎 아래는 부어오르면서 퍼렇게 피멍이 올라왔다. 그런데 그 순간 "다행이다"라는 말이 튀어나왔다. 소개팅을 앞두고 얼굴은 안 다쳐서 다행이라는 생각이 먼저 들어서였다.

드디어 소개팅 날. 다친 다리를 감추느라 검은 스타킹에 치마 정장을 입고 출근했다. 아침나절에 같은 팀 K가 카드 명세서를 뜯어보다가 "나 롯데월드 할인쿠폰 생겼는데 누구 쓸 사람?" 하고 외쳤다. "저요!" 제일 먼저 손을 들어 쿠폰을 챙겼다.

토요일 2시에 퇴근해 R과 함께 카페에 갔다. 색이 예쁜 체리 주스를 시켜 빨대로 막 한 모금을 마시는데 카페 문이 열리고 누가 들어왔다. R이 손을 들어 아는 척을 했다. 소개팅남은 들었던 말과 다르게 하얀 얼굴에 은테 안경을 쓴 키 큰 훈남이었다. 성큼성큼 다가와 앉더니 뭘 시켜줄지 물어보기도 전에 내 앞의 체리 주스를 가져가 "이거 마시면 되지?" 하며 벌컥벌컥 들이켰다. 격 없는 모습에 당황했지만, 활발한 사람이구나 싶었다. 조금 후에 R이 가고 어디를 갈까 의논하다 아침에 받은 쿠폰이 생각나 롯데월드가 어떤지 물었다. 마침 둘 다 롯데월드에 안 가봤고 잠실까지는 차로 30분 거리라 가까웠다.

자유이용권을 할인가 만 원에 기분 좋게 구입하고 팔찌를 받아 입장했다. 짧은 치마에 하이힐 차림이었지만 물이 튀는 '신밧드의 모험' 보트부터 '풍선 비행 열기구'도 타고, '범퍼카'와 '회전목마'까지 알차게 즐겼다. 그때 바이킹이 눈에 들어왔다. 네 살 무렵 타던 그네에서 떨어져 머리가 깨진 뒤로 높이 올라가는 놀이기구는 탈 생각을 해본 적이 없다. 보고 있으니 소개팅남이 "바이킹 타볼래요?"라고 물었다. 무슨 용기가 났는지 한번 타보자는 마음이 들었다. 바이킹에 올라서 그래도 가장 안전할 것 같은 중앙에 자리 잡았다. 서서히 양쪽으로 흔들리며 기구의 운행이 시작되자 곧바로 후회가 몰려왔다. "사실 제가 고소공포증이 있어서 바이킹 처음 타봐요." 말하는 내 목소리도 손도 떨렸다.

그는 "가장 높이 올라갔을 때 내 얼굴을 쳐다봐요. 그럼 괜찮을 거예요." 마치 주문을 알려주듯 말했다. 기구는 금방 꼭대기로 올라갔고 정신이 나갈 것 같은 아찔한 순간 고개를 돌려 그를 봤다. 그리고는 마주 보고 웃으며 아래로 떨어졌다. 마치 뱃머리에 매달려 있다 바다로 빠지는 영화의 주인공들처럼.

바이킹이 그렇게 무섭지 않았다. 그날 이후 세 번째 만났을 때는 높기로 유명한 월미도 바이킹도 함께 완주했다.

여름의 뜨겁고 빛나는 시기를 보내고 다음 해 10월 우리는 결혼에 골인했다. 그날 그 시간, 그 영화를 바로 그 자리에서 봤던 우연이 모여 평생의 인연을 만났다. 눈물 흘릴 일도 많았던 26년의 결혼생활을 때론 사랑으로, 어떨 때는 책임감으로 버텼다.

영화 속 잭과 로즈가 결혼해서 함께 살았다면 어떤 모습일까? 그림처럼 아름다운 그들도 늙어가며 지지고 볶고 살지 않았을까 생각하니 미소가 지어진다.

인연이란 뜻하지 않은 우연으로 시작해 서로의 노력으로 완성해 나가는 한 편의 대서사시 같다. 첫 만남 때의 밝음과 유머를 여전히 가지고 있는 신랑 덕분에 웃으며 산다.

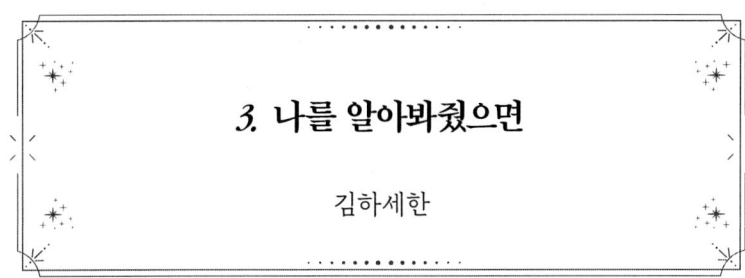

3. 나를 알아봐줬으면

김하세한

여름은 싹을 틔운 모든 생명들이 온 힘을 다해 자라는 계절이다. 뿌리에서 줄기 끝까지 열정이 솟구치지만, 그들을 둘러싼 환경은 결코 만만하지 않다. 바람도, 폭풍도, 뜨거운 태양도 성장을 돕는 동시에 걸림돌이 된다. 그래서 여름은 생명의 계절이면서도 시련의 계절이다. 인생도 다르지 않다. 가장 자라야 할 시기, 가장 꿈꿔야 할 시기에 가장 많은 풍파가 몰아친다. 처음으로 자기 존재를 인식하고, 그것을 증명하고 싶어지는 시기. 하지만 그만큼 외롭고 혼란스럽고, 무엇보다 '나는 누구인가'라는 질문 앞에 불안해지는 시기다. 청소년기의 나는 딱 그런 여름 같았다. 겉으론 조용했지만 속은 늘 들끓었고, 마음 한구석은 뜨겁게 무언가를 갈망하고 있었다. 누군가 내 이름을 불러주기를, 내 마음을 알아봐주기를.

둘째로 태어났다. 부모님의 기대와 관심은 언니에게 향했고, 보살핌은 동생들에게 자연스럽게 쏠렸다. 나는 그 사이 어딘가에서 조용히 존재감 없는 자리를 지켰다.

"너는 알아서 잘하니까."

어른들이 건네던 그 말은 칭찬처럼 들렸지만 내게는 철저한 방치처럼 느껴졌다. '알아서'가 아니라 '보이지 않아서'였기에 그냥 스쳐 지나가는 존재 같았다. 세상의 기대와 감정 사이에서 조용히 지워졌고, 말 대신 웃었으며, 상처를 대신해 '괜찮아'를 입에 달고 살았다. 누구에게도 설명할 수 없는 외로움 속에서 자라고 있었다.

그렇게 자라 나도 어느새 엄마가 되어 있었다. 큰아이를 출산하면서 자연스럽게 '엄마'라는 이름이 붙었지만, 엄마가 되는 법은 어디서도 배운 적이 없었다. 누군가 알려준 사람도 없었고, 펼쳐보면 되는 매뉴얼도 없었다. 오직 하나, '엄마 같은 엄마는 되지 않겠다'라는 막연한 다짐만이 마음에 자리하고 있었다. 나의 엄마는 가난과 술주정하는 아버지, 여섯 남매, 시어머니까지 감당해야 했던 사람이었다. 예상치 못한 순간에 화를 내고, 이유 없이 혼내는 일도 잦았다. 훗날 엄마는 말했다.

"내 인생이 너무 힘드니까… 너희들이 이쁜 짓을 해도 이쁜 줄을 몰랐어."

그 말을 듣고 이해하게 된 마음도 있었지만, 더 오래 남은 감정은 따로 있었다. 엄마의 감정을 온몸으로 받아내야 했던 어린 시절의 기억이었다. 나는 공부하기로 마음먹었다. 좋은 엄마가 되고 싶었다. 감정을 아이에게 쏟아내지 않으면서도 아이의 마음을 깊이 들여다볼 수 있는 사람이 되고 싶었다. 내가 선택한 길은 한국방송통신

대학교 유아교육과 입학이었다. 입학이 어렵다는 이야기도 있었지만, 마음은 이미 수험생이 되어 있었다. 원서를 쓰는 순간부터 긴장이 시작됐고, 합격 통보를 받은 날 오랜만에 가슴이 뛰었다. 그 설렘은 단지 학교에 붙었다는 의미가 아니었다. '엄마'라는 이름 너머의 '나'로 다시 시작할 수 있다는 가능성에 마음이 설렜던 것이다.

두 아이의 엄마이면서 동시에 한국방송통신대학교 유아교육과의 학생이기도 했다. 육아와 학업, 두 세계를 함께 살아내기 위해서는 무언가를 더 해내야 했다. 겁이 많아 평생 따지 않을 것 같던 운전면허증도 결국 취득했다. 강의실에 늦지 않으려면 두려움보다 실천이 앞서야 했기 때문이다. 공부는 생각보다 훨씬 벅찼다. 다른 학과는 낙제만 면하면 졸업이 가능했지만, 유아교육과는 자격증 취득을 위해 일정 성적 이상을 반드시 유지해야 했다. 밤을 새워 공부하는 날이 많았다. 심지어 막내를 출산하고 산후조리원에 있을 때도 나는 4학년 2학기 기말고사 준비를 해야 했다. 조리는 뒷전이었고, 병원 테이블 위엔 시험 과목 책들이 수북이 쌓여 있었다. 고시생처럼, 엄마처럼, 학생처럼 나는 그렇게 살아가고 있었다.

4년의 공부 여정 중 가장 벅찼던 과목은 '유아음악교육'이었다. 피아노를 한 번도 제대로 쳐본 적 없던 나에게 과제로 제시된 세 곡을 모두 연습해 실기시험에서 무작위로 한 곡을 연주해야 한다는 조건은 막막했다. 아이들을 위해 사두었던 피아노는 어느새 나만의 연습 악기가 되었고, 하루에도 몇 번씩 피아노 앞에 앉았다. 손은 마음처럼 움직이지 않았다. 악보도 읽히지 않고 손도 말을 듣지 않았다. 왼손이 움직이면 오른손이 멈추고, 오른손을 치면 왼손이 방향을 잃었다. 손가락에 쇠붙이를 단 것처럼 뻣뻣해지고, 온 힘은 손끝에 잔뜩 들어가 있었다.

"소리를 부드럽게 내려면 손에 힘을 빼야 해요."

피아노 선생님의 말에 고개는 끄덕였지만, 손끝은 긴장을 놓지 못했다. 나는 여전히 '건반을 눌러야 한다'라는 생각에서 벗어나지 못한 초보자였다. 무게를 실어 자연스럽게 내려앉아야 음이 살아난다는 이론은 이해했지만, 몸은 그 감각을 익히지 못한 채 고집을 부렸다. 어설픈 모습을 가장 가까이에서 지켜본 건 피아노 학원에 다니던 초등학교 2학년 큰아이였다. 엄마가 안쓰러웠는지, 자기도 손에 힘을 빼는 법을 알려주겠다며 조심스럽게 내 손을 잡았다. 작은 손으로 손가락 하나하나를 건반 위에 얹어주고, 어떻게 눌러야 하는지 직접 보여주었다. 그저 아이를 키우는 줄만 알았는데, 아이가 나를 다독이고 있었다. 작은 손끝의 다정한 가르침이 다시 건반 앞으로 이끌었고, 조금씩 음악을 연습하게 했다.

그러나 손보다 먼저 버틴 건 몸이었다. 피아노 앞에 오래 앉아 있는 것조차 쉽지 않았다. 평소에도 자주 괴롭히던 허리 통증이 점점 심해져, 자세를 유지하기조차 힘든 날이 많았다. 그런 몸을 이끌고 건반 앞에 앉으면 손보다 먼저 눈물이 흘렀다. '왜 이렇게까지 해야 하지.' 그 말이 목 끝까지 차올랐지만, 멈출 수는 없었다. 갈증은 뜨겁고, 절실하고, 지독했다. 아파도 멈출 수 없었고, 힘들어도 눈물을 삼키며 계속해야 했다. 매일 다섯 시간씩 두 달 넘게 반복하고 또 반복했다. 결국 세 곡 모두를 완주했고, 실기시험도 무사히 통과했다. 그 순간, 스스로가 믿기지 않을 만큼 벅찼다. 그러나 분명히 알 수 있었다. 내가 해냈다는 것을. 단순한 실기 통과를 넘어 내 삶에서 또 하나의 한계를 넘어선 순간이었다는 것도.

고단했고 아팠지만, 그만큼 성장하고 있었다. 무언가를 해냈고, 누군가의 엄마이면서도 분명 나 자신으로 살아가고 있었다. 4년의 정규 과정을 무사히 마치고 졸업식을 하던 날, 시부모님과 엄마, 남편과 아이들까지 모두 한자리에 모여 축하해주었다. 졸업장보다 더 값진 선물은 그 자리에 함께한 가족들의 따뜻한 미소였다. 누군가는 그 시간 동안 겉모습에는 별다른 변화가 없었다고 느꼈을지도 모른다. 하지만 나는 알고 있었다. 내 안에서 치열한 성장이 멈추지 않았다는 것을. 졸업과 동시에 유치원 정교사 자격증과 어린이집 원장 자격증이 주어졌다. 이론은 학교에서 배웠고, 실습은 세 아이를 키우는 일상 속에서 매일 이루어지고 있었다.

엄마이면서 학생이었고, 배우면서 동시에 가르치는 사람이 되어가고 있었다. 그렇게 삶은 아주 조금씩, 그러나 분명히 내가 되고 싶었던 사람으로 나를 이끌어가고 있었다. 그리고 지금, 이 말을 꼭 전하고 싶다. 혹시 성장의 흔적이 보이지 않아 실망하거나 포기하고 싶은 이가 있다면, 그것은 단지 줄기와 잎의 성장이 드러나지 않을 뿐, 땅속 깊은 곳에서 뿌리가 단단해지고 있는 시간일지도 모른다. 뿌리가 깊은 나무는 쉽게 뽑히지 않는다. 눈에 보이지 않는 그 성장 또한 결코 헛된 것이 아님을, 지금의 삶이 증명하고 있다.

4. 뜨겁게 온 열정을 다하여

서림승희

땀을 많이 흘려 쉽게 지치는 여름을 좋아하지 않는다. 차라리 추운 겨울이 좋다.

내 인생에 뜨겁고 치열하게 살았던 2019년. 평생 잊지 못할 뜨거움이었다.

매일 피곤했다. 수면 시간이 부족한 건 아닌데 아침에 일어나는 것이 힘들었다. 번아웃으로 고민하는 사람 이야기를 들으면 고개를 갸웃했는데, 인정하기 싫었지만 내게도 왔다. 번아웃은 쉽게 물러나지 않았다. 휴식으로는 해결되지 않아, 원인이 무엇인지 점검해보았다. 여러 상황을 고려해보니 전문성 부족으로 결론을 내렸다. 진지하게 전문성 향상 방법을 고민했다. 박사 과정에 진학하여 자기 돌봄 시간으로 활용하자고 다짐했다. 다람쥐 쳇바퀴 도는 듯한 삶에서 돌파구를 발견한 것 같았다. 신선함은 스치듯 잠시. 직장과 학업을 병행하는 것은 호락호락하지 않았다.

수료를 생각한 나는 졸업논문을 쓸 생각이 없었다. 동기들도 지금은 쓰기 어렵다고 했다. 그런데 어쩌다 보니 논문지도 교수님의 첫 제자가 되어 있었다. 열정을 가지고 지도해주시려는 교수님께 논문을 못 쓰겠다고 할 수 없었다. 선배들은 수료 후에는 논문 쓰기가 더 어렵다고 했다. 논문 쓸 생각이라면 지금 쓰는 게 수월할 거라고 조언을 해주었다. '논문을 꼭 써야 할까.' 결정을 내리지 못하고 분위기에 휩쓸려 논문 절차를 밟고 있었다. 꼭 쓰겠다는 다짐도 없이 졸업논문을 시작했다. 혼자 해결해나가면서도 과연 끝까지 할 수 있을지 확신 없이 책상에 앉아서 자료를 조사하고 있었다.

막막함을 해결할 방법은 하나! 논문지도 교수님의 지도대로 따라가자. 그 결정을 따라 교수님이 매주 내주시는 분량을 새벽 3~4시까지 썼다. 분량만 채워지면 무조건 카카오톡으로 보냈고, 교수님께서는 피드백을 해주셨다. 피드백 받아 수정하고 또 숙제 분량을 보냈다. 매주 숙제는 이어졌다. 어느 날은 논문 쓰느라 날을 꼬박 새우고 출근하기도 했다. 매주 교수님의 숙제를 따라가다 보니 내 마음의 여유는 한 톨도 남지 않았다. 내 처지를 이해하며 위로해줄 동기 없이 논문 쓰는 것은 밤길을 혼자 걷는 것처럼 적적했다. 쉽게 쓰는 방법은 없었다. 누가 대신 해주지도 않았다. 답답함에 숨이 막혔다. 어느 날 거울을 보다 스치듯 삭발이 떠올랐다. 긴 머리를 잘라버리면 복잡한 마음이 홀가분해질 것 같았다. 그 마음이 머리 스타일 변화로 이어졌다. 기분 전환이 될 것 같았다. 한번 꽂히니 기필코 머리를 자르고 싶었다. 삭발한 내 머리 스타일에 호기심 어린 눈빛으로 질문 할 사람들이 머릿속을 스쳤다. 내 상황을 묻는 사람마다 설명하는 상황이 번거롭게 느껴졌다. 타협했다. 아주 짧은 커트. 사진을 찍어 남편에게 보냈다. 떨떠름한 반응. 남편은 내 어려움을 이해한 것 같지 않았다. 큰오빠도 내 머리를 보고 당황했다. 요양원에 계시던 엄마를 뵈러 갔다.

"엄마, 나 머리 잘랐어. 너무 짧아 이상하지? 최 서방이랑 큰오빠는 이상한가 봐. 남자 같아?"

"깔끔하고만, 뭐가 이상해."

말없이 따뜻한 눈빛으로 나를 바라보셨다. '많이 힘들구나. 애쓴다'라고 위로받는 것 같았다. 엄마 손을 잡고 한참을 울었다.

논문을 쓰는 시기에 동기들만 없는 게 아니라 가족도 없었다. 남편과 애들은 광주, 서울, 대전에서 지내고 있었다. 가족으로부터 따뜻한 지지와 연결감이 필요했다. 집에서 심리적 욕구가 충족되지 않은 채 나의 정서는 조금씩 피폐해졌다. 직장 다니며 논문 쓰는 거 어렵지 않느냐는 질문을 받으면, "다른 사람들도 다 힘들잖아요. 논문 쓰는 것 자체가 힘든 일인 것 같아요"라며 최대한 힘들지 않은 척, 괜찮은 척했다. 최 선배에게 조언을 듣다 감정이 격해져 울게 된 후로는 논문 이야기는 피했다.

7월 무더운 날, 퇴근 후 남편과 통화하다 화가 머리끝까지 치받았다.

"논문 그만 써야겠어. 쓴다고 월급이 오르거나 승진하는 것도 아닌데. 왜 이렇게 힘들게 쓰려고 했을까, 지치네. 좀 쉽게 살아야겠어."

"그래, 잘 생각했어. 맨날 논문 쓴다고 고생만 하고. 이제 논문 쓸 에너지를 집 청소에 쓰면 우리 집 번쩍번쩍 광이 나겠는걸."

논문을 끝내 홀가분해지고 싶은 속마음은 말하지 않았다. 말 안 해도 남편이 알아줬으면 했다.

남편은 농담으로 시작했지만, 나에게는 농담이 아니라 진한 서운함이었다. 이해받고 싶어 푸념했건만. 당신에게 나는 집 청소하는 사람이냐며 울고불고 난리 쳤다. 당황한 남편은 내 마음을 조금이라도 편하게 해주려고 한 말이라고 했다. 감당하기 벅찬 스트레스 상태였다. 앵두처럼 작은 농담이 수박보다 더 크게 외로움으로 다가왔다. 남편으로부터 힘든 거 알고 있으니 천천히 해도 괜찮다는 말, 잘하고 있다는 말이 듣고 싶었다.

기분 전환을 위해 회사 근처에 있는 공공도서관에 들렀다. 학생들의 그림과 글이 작품으로 진열되어 있었다. 목적 없이 이리저리 책 사이를 걸었다. 책꽂이 하단에 푸르스름한 책들이 눈에 띄었다. 허리를 숙여 한 권 꺼내니 박경리 작가의 『토지』였다. 홀리듯 1권을 대출했다. 밤늦게까지 논문 쓰기를 미루고 3권까지 읽었다. 논문을 피해 책으로 눈길을 돌렸다. 시간은 하루하루 가고, 책 내용은 궁금했다. 매주 한 권씩 읽는다면 5개월 후면 다 읽을 것 같았다. 일정상 논문이 완성되어야 하는 시기와 비슷하다. 주문처럼 외웠다. 책을 다 읽으면 내 논문도 완성되리라. 다소 억지스러운 믿음으로 매주 읽어갔다. 논문도 조금씩 초안을 썼다. 주인공은 아니지만 내게는 주인공이던 용이와 월선이 이야기에 매주 엉엉 울었다. 얼마나 깊은 인연이기에 애잔하고 슬픈 사랑을 평생 할 수 있었을까? 그들의 사랑 이야기로부터 나의 피폐해졌던 정서가 조금씩 회복되는 듯

했다.

또 하나, 나에게 힘을 실어준 영화 '히든 피겨스'. 『토지』가 정서적 회복에 도움을 주었다면, '히든 피겨스'는 좌절할 때마다 다시 힘을 내게 해주었다. 논문을 쓰며 3번, 논문 완성 후에도 2번을 더 보았던 영화.

나사(NASA)에서 근무하는 천재 흑인 여성들의 이야기다. 아무리 뛰어난 천재라 해도 흑인은 차별받던 시절이었다. 목숨이 위협당하고 거부당하는 일상을 살고 있는 흑인들.

나사라고 상황이 다르진 않았다. 연구실에서 함께 쓰는 커피포트의 커피를 마시는 것도 허락되지 않았다. 화장실도 한참을 뛰어 흑인들만 사용하는 건물로 가야 했다. 작지만 자신의 권리를 지키겠다며 울분을 토해내던 모습에 속이 시원해지는 것을 느꼈다. 그녀들의 노력은 멈추지 않았고 그 분야에 최초가 되어야만 했다. 나도 우리 집에서 최초가 되고자 했다. 누구도 강요하지 않았다.

『토지』와 '히든 피겨스'를 보며 내 힘든 상황을 위로받았다. 나보다 힘든 사람들도 끝까지 해내는 모습이 내 미래의 모습 같아 더 응원하며 자주 보게 되었다. 그러면서 마음의 여유가 조금은 생겼다.

내 인생의 마지막 박사 졸업논문. 꼭 끝내고 싶었다. 많은 일들을 호기롭게 시작하고 끝내지 못했다. 끝맺음이 약한 내게, 논문을 끝냈다는 것은 잊지 못할 성공 경험이다. 그 누구의 격려, 칭찬보다 더 좋았다. 논문 쓸 때는 혼자만 무거운 짐을 짊어진 것 같았다. 그래서 여유가 없고 힘들었다.

졸업식은 한여름 8월이었다. 졸업생들과 졸업을 축하하기 위해

온 사람들로 졸업식장은 가득 찼다. 내 이름이 표시된 자리를 보았을 때 가슴이 벅찼다. 쑥스러웠지만 가족들과 지인들 앞에서 행복을 맘껏 표현했다.

다시는 하지 못할 뜨거운 경험으로 나의 여름은 충만해졌다.

5. 가장 뜨겁게 빛나던 날

송기홍

　병원에서 살아 돌아왔을 때, 다시 태어난 기분이었다. 건강은 아직 완전히 회복되지 않았지만 그래도 행복했다. 이제 몸을 추스르는 것이 가장 시급한 일이었다. 죽음의 문턱을 넘나들며 살아 돌아온 청년에게 주어진 건, 변화된 새로운 인생이었다. 병원에서 퇴원하던 날, 의사 선생님은 "1년 동안은 격한 운동을 삼가야 한다"라고 했다. 더 이상 체육관에 나가지 못하고 회복과 재정비의 시간을 가져야만 했다. 건강을 추스르며 기도했고, 다시 책을 펼쳤다.

　공업계 고등학교를 졸업해서 학교에서 배운 과목들은 대학 입시와 관련이 있는 과목이 몇 개 없었다. 학교에 다닐 때도 인문계 고등학교에 다니는 친구에게 입시와 관련된 책을 빌려 보며 대학 입시를 준비했었는데, 그 친구들은 모두 대학에 진학하고 혼자 다시 독학으로 준비하려니 더 어려웠다. 그래도 거기서 멈출 수는 없었다. 가슴 깊이 품고 있던 소망이 있었기 때문이다. 하나님께 나의 삶을 드리기 위해 다시 공부를 시작했고, 마침내 신학생이 되었다. 그렇게 시작한 신학 공부는 너무 좋았다. 신학대학이라 일반 학문보다는 신학 관련 과목들이 많았는데 그것도 좋았다. 신학대학은 일반 대학과는 다른 것이 많았다. 입학 후 MT를 가게 되었는데, 기도원에 가서 3박 4일간 하는 수련회가 MT였다. 그렇게 목회자의 꿈은 하나씩 이루어졌다.

그러던 어느 날, 내 인생을 바꿔놓을 한 사람을 만났다. 처음 그녀를 보았을 때, '아! 저 사람과 결혼하고 싶다'라는 생각이 번개처럼 스쳐 갔다. 아담한 외모와 예쁜 얼굴, 다소곳한 말투, 무엇보다 신앙심이 깊어 보였다. 결혼을 위해 기도해왔는데, 기도했던 '바로 그 사람'이라는 확신이 들었다. 하지만 말을 걸기까지 여섯 달이나 걸렸다. 말을 건넸다가 혹시나 거절당할까 봐 조심스레 주변만 맴돌았다. 대학 캠퍼스에서 자주 만났지만 인사는 목례로 그칠 뿐, 말 한마디 붙이지 못한 채 그렇게 수개월이 지났다. 결국 종강을 앞둔 어느 날, 용기를 내어 커피숍으로 그녀를 불렀다. "나는 당신과 더 깊이 사귀고 싶고, 결혼하고 싶은데, 허락하시겠어요? 그러기 위해 양가 부모님께 먼저 인사드립시다." 참 멋없고 무뚝뚝한 고백이었다. 망설이고 고민하다 쏟아낸 고백이라 횡설수설했던 것 같다. 말을 쏟아내고, 거절당할까 봐 가슴은 콩닥거렸다.

조용히 있던 그녀는 말없이 고개를 끄덕였다. 나중에 들어보니 그 멋없고 무뚝뚝했던 고백이 책임감과 진실함으로 느껴졌다고 한다. 그해 겨울, 눈 내리던 2월의 졸업식 날 양가 부모님이 상견례를 하시고 우리는 결혼을 허락받았다. 그리고 그해 4월, 우리는 하나가 되었다. 속전속결로 치러진 결혼이지만 지금까지도 결혼을 잘못했다고 후회해본 적이 없다. 힘들고 어려울 때 누구보다 더 대담하게 기도하며 나가는 모습을 보면 '저 사람 만나 결혼하길 참 잘했다' 하는 생각이 든다.

하나님께 받은 생명을 어떻게 사용해야 할까? 그 질문에 답하듯 나는 신학생이 되었고, 전도사가 되어 교회 사역을 시작했다. 복음을 전하는 일이 곧 내가 존재하는 의미가 되었다. 가난한 농부의 아들로 태어나 언제나 경제적으로는 넉넉하지 않았다. 초등학교 시절에는 집에 쌀이 없어 꽁보리밥을 먹어야 하는 날들이 대부분이었다. 그것조차도 끼니를 거르지 않은 것이 감사할 뿐이다. 고구마나 감자가 나는 계절에는 그것으로 끼니를 대신하는 날도 많았다. 그래도 부모님은 정직하고 성실하게 사는 모습을 보여주셨고, 또 그렇게 살라고 하셨다. 지금은 두 분 다 천국에 가셔서 안 계시지만 그립고 생각날 때가 많다.

첫눈에 반했던 여인을 만나 하나 되어 가정을 이루고, 아이들을 낳아 기르며 살아온 날들은 언제나 감사했다. 어린 시절 우리 부모님은 언제나 바쁘셨다. 논이 한 평도 없던 부모님은 남의 일을 도와주고 받아 오는 품삯으로 하루하루 생계를 꾸려가셨다. 농사가 없는 계절에는 모시를 짜고 가마니를 짜며 부업에도 열심을 내셨다. 그러다 보니 우리 부모님은 자녀들과 시간을 보낼 여유가 없었다. 그것을 보상이라도 하듯 나는 아이들에게는 잘해주고 싶었다. 주말이면 함께 공을 차며 놀아주고, 아이 친구들과도 그렇게 하려고 했다. 교회 사역의 현장에서도 항상 최선을 다하려고 애썼다. 전도사 시절 밤늦게까지 사역을 준비하느라 시내버스를 놓친 적도 있고, 택시비가 없어서 두 시간 정도 되는 거리를 걸어서 집에 가기도 했다. 그래도 그 모든 일은 행복했다. 맡겨진 부서를 섬기며 아이들과 성경을 읽고, 말씀을 외우고, 함께 실천하는 삶을 나누었다. 아이들의 신앙이 자라는 모습을 보는 것이 큰 보람이었다. 대학원을 졸업하고 목사 안수를 받고 첫 번째 사역지로 부임한 곳은 시골 교회였다. 작은 교회였지만 그곳에서도 정성껏 섬겼다. 마을회관을 찾아가 어르신들과 함께 노래를 부르고 이야기를 나누며 그들이 살아온 이야기들을 들었다. 어떤 날은 얘기를 듣다가 눈물을 흘리기도 하고, 또 어떤 날은 환하게 웃었다.

목사가 된 후에도 더 공부하고 싶었다. 대학과 대학원에서 신학을 전공한 터라 일반 학문을 공부하고 싶은 생각이 들었다. 결혼하고 아들 셋을 둔 가장이 교회 사역을 하면서 다시 공부하고 싶다는 것을 아내는 흔쾌히 허락해주었다. 그리고 다시 대학에 진학하여 법학과 행정학을 공부했고, 대학원에서는 상담심리학을 공부했다. 그 배움은 사역의 폭을 넓혀주었고, 목회에도 도움을 주었다. 지금은 교회에서 하는 목회뿐 아니라 상담이 필요한 사람들에게 상담 서비스를 제공하기도 한다. 삶은 바쁘고 분주했지만, 그래서 그것을 여름이라 부른다. 가장 뜨겁고, 가장 에너지 넘치는 계절. 지금도 여전히 여름 속에 살고 있다.

사계절은 순서대로 오는 것만은 아니다. 때로는 여름 속에도 겨울이 있고, 겨울을 지나 다시 여름이 오기도 한다. 인생은 늘 그렇게 살아 숨 쉬고 있다. 그리고 오늘도 열정 가득한 여름의 한가운데를 살아가고 있다. 얼어붙은 시간 속에서도 새싹을 틔우기 위해 가만히 웅크렸던 겨울이 있었다. 하지만 다시 봄은 오고, 여름은 또 찾아와 지금도 계속된다. 가장 열정적인 마음으로, 가장 치열하게 사랑하며, 오늘도 감사하며 살아간다.

6. 순금 열댓 돈, 이후 모습

쓰꾸미

채민(딸)이 옷 다 버려야겠다.

2025년 4월. 여름을 맞이해서 집 정리했다. 인터넷 '숨고(숨은 고수)' 사이트에서 에어컨 청소 전문가에게 세척을 요청했다. 청소 전문가가 청소 도구를 양손 가득 들고 집에 방문했다. 에어컨이 천장에 설치되어 있어 아래에 있는 소파, 침대를 치웠다. 치워진 공간에 방수 천을 깔았다. 그 옆에 들고 온 청소 도구를 하나씩 꺼내서 정리를 시작했다. 솔, 비닐 호스, 청소 건, 고압 세척기. 키 맞춰서 줄을 세웠다. 가져온 사다리를 에어컨 밑에 두고, 내부 전자부품 위로 비닐을 붙였다. 에어컨 분리하고, 고압 물을 뿌려서 내부를 청소했다. 떨어지는 물은 깔때기 모양으로 설치된 비닐 안쪽으로 흘러 양동이로 모였다. 모인 물을 화장실에 버리면 끝난다. 두 시간 걸렸다. 조립을 끝내고 네 시간 동안 송풍 모드 운전하며 내부에 남은 물을 말렸다.

　에어컨 건조하면서 선풍기도 닦았다. 드라이버로 보호 커버 밑에 있는 나사를 풀었다. 예전에는 분리하는 방법을 몰라 '꼬라지' 부렸다. 툴툴대고 짜증을 부려도 해결이 쉽지 않다. 이젠 사용법 모르는 경우 유튜브에 검색한다. 대부분 가전제품을 청소하는 방법이 동영상으로 나온다. 잘 따라만 하면 된다. 커버를 뜯어서 화장실로 가져갔다. 거품을 푼 세숫대야에 날개를 넣고 솔로 문질렀다. 먼지가 날개에 덕지덕지 붙은 경우, 바로 물에 넣으면 닦기 힘들다. 먼지와 물이 만나 날개 안쪽 작은 홈들에 찰싹 달라붙는다. 먼지가 많을 땐 물티슈로 가볍게 먼저 닦는다. 그리고 물에 넣어 닦으면 쉽게 청소를 끝낼 수 있다.

　옷장 서랍 안, 겨울옷을 꺼내기 쉽게 세워서 보관한다. 예전에는 옷을 접어, 차곡차곡 포개서 옷을 정리했었다. 옷을 겹쳐서 보관하니, 늘 위에 있는 옷 두세 개만 입고 겨울을 보냈었다. 이제는 옷을 세워서 보관한다. 기분에 따라 편하게 옷을 골라 꺼내 입었다. 이것도 유튜브 채널을 보고 따라 했다. 잘 정리된 공간 덕분에 겨울옷과 여름옷을 바꾸는 작업이 손쉽게 끝났다.

　초등학교 5학년 채민(딸)이 올해 키가 10㎝ 컸다. 작아진 겨울옷을 모아서 분리수거 했다. 올겨울엔 새 옷으로 바꿔야 한다. 아내와 무슨 옷을 사줄지 이야기하며 화장대도 정리했다. 화장대 위에 있는 서랍을 정리하다가 보석함을 발견했다. 어떤 보석이 있는지 궁금해 열어봤다. 금으로 된 메달 2개가 보였다. 회사 10년 근속을 하면 다섯 돈 주었고, 15년 근속을 하면 열 돈 주었다. 그렇게 보석 상자 안에 순금 주화 두 개가 있다. 15년 근속 주화는 3년 전에 받았다.

여름맞이 정리하며, 18년 회사 생활을 돌아봤다.

카타르 근무 시작으로 코트디부아르, 아랍에미리트, 인도네시아, 베트남. 대륙 곳곳을 누비며 발전소 짓고, 시운전을 했다. 5년 전부터 바뀌었다. 뉴스에서 지구 온난화 문제가 자주 등장했다. 은행으로부터 발전소 건설 자금을 투자받기 어려워졌다. 자동차는 휘발유와 디젤을 이용한 엔진에서, 전기를 이용한 모터로 바뀌고 있다. 늘 일손이 부족해서 해외 곳곳을 누비며 지냈던 청춘 기록. 이제는 이어나가기 힘들다. 2008년 취업할 때까지만 해도 신입 공채라고 불리는 제도가 대부분이었다. 취업 시즌이라고 불리며 대기업들 시험과 면접 일정이 겹칠까 걱정했다. 이제는 우리 회사 공채 제도는 사라졌다. 수시 채용이라는 단어로 바뀌었다. 규칙적으로 인력을 선발하는 개념에서 필요에 따라 채용하는 제도로 대체되었다. 인력을 선발하는 형태도 달라졌다. 신입 사원을 뽑지 않고, 경력직 인력을 선발한다. 회사 직급의 명칭도 바뀌었다. 부장, 차장, 과장, 대리, 사원과 같이 직급을 잘게 나누고 관리하던 형태에서 매니저와 책임 매니저로 단순화되었다. 내가 과장이었을 때 부장은 사무실 자리 줄 맨 뒤쪽, 칸막이 뒤에 앉아 올라온 서류에 결재만 했다. 지금 그 자리와 비슷하게 앉아 있는 나는 필요한 결재 문서를 내 손으로 만들고, 결정하고, 유관 부서와 만나 일을 마무리 지어야 한다. 수직적인 조직에서 수평을 강조하는 분위기로 달라졌다.

일하는 방식에 혁신이 생겼다. 업무에 생성형 AI를 쓴다. 업무를 진행하는 방식이 빠르고 다양한 방향으로 바뀌고 있다. 변하는 상황에 앞으로 내가 잘 적응할 수 있을지 고민이 많다. 정년을 채워야 아이들 대학교 학비 걱정도 덜 수 있다. '혁신'이라는 단어보다는 '유지'라는 단어를 더 찾게 되는 40대 중반이다. 서점에는 '긱워크(Gig Work)'라는 단어가 많아졌다. 한 우물을 파야 성공한다는 말은 옛말이 됐다. '일(work)'에 학습과 적응이라는 단어 향기가 강하게 풍긴다.

18년 동안 근무하였던 방식을 버리기로 결심했다. 내 의지가 아닌 환경에 의해 흘러가기에는 남아 있는 인생이 안타까웠다. 회사에서는 18년 동안 모든 것을 쏟아부었던 발전소 사업을 더 이상 진행하지 않기로 했다. 회사 정책을 비난하기보다 추진하는 LNG(Liquefied Natural Gas, 액화천연가스) 사업에 초점을 맞추기로 했다. 회사만 바라보는 건 위험하다는 걸 안다. 6년 전에 자택 대기를 하면서 그러지 않기로 다짐했었다. 일상에서 도전을 즐기려 한다. 도전 결과로 여섯 권의 종이책과 전자책 둘을 출간했다. 그리고 올해가 가기 전에 추가 네 권이 목표다.

내 이야기가 책으로 나왔다. 책은 저자 특강이라는 새로운 영역을 선물했다. 경험으로 사람을 돕겠다는 마음이, 글에서 강연으로 형태가 바뀌었다. 첫 책을 내고 천안에서 저자 특강을 했다. 가족과 함께 천안으로 갔다. 늦지 않기 위해서 KTX를 탔다. 저자 특강을 어떻게 해야 하는지 몰라, 있어 보이고 싶은 말 했다. 특강 준비한다고 일주일 내내 고민하면서 어떤 이야기를 하면 좋을지 고민했다. 무슨 이야기 했는지 기억이 흐릿하다. 순서가 맞지 않는 말과 빠르게 뛰는 심장, 그리고 빨간 내 얼굴이 있었다. 인사하자마자 박수받은 기억만 남았다. 내가 전하고자 하는 메시지가 참석자에게 제대로 전달되었는지 고민되었다. 초보 작가이기에 내가 아는 사람들에게 전했다. 나를 아는 사람들이기에 부족한 부분도 응원해주며 들어주어 감사했다. 끝나자마자 참석자들에게 그럴듯한 이야기를 들려주기 위해 남 이야기를 한 내 모습이 아쉬웠다. 긴장되고, 처음이다 보니 낯설었다. 그러니 내 기억 속엔 횡설수설한 모습뿐이었다. 아쉬웠지만 배울 수 있는 경험이었다.

창원에서도 저자 특강을 할 기회가 왔다. 이번에는 남의 이야기가 아니라, 내 이야기로 채웠다. 천안 저자 특강보다 잘한 것 같다. 미숙이 익숙으로 한발 움직였다. 창원에서 집으로 올라오는 길 위에서, 나를 아는 수많은 사람들이 보내는 열광적인 응원 속에서 강연하는 모습 상상해본다. 입꼬리가 올라가고, 또 다른 도전에 대한 의욕을 불러온다. 저자 특강에서 멈추지 않았다. 내가 좋아하는 다이어리 쓰기로 강연했다. 내가 당연하다고 생각하고, 쉽다고 생각하는 것들이 다른 사람들에게 어려움일 수도 있다는 사실을 발견했다.

경험이 쌓이면, 새로운 기회를 마주한다. 내 20대는 회사가 전부였다. 회사에서 많은 경험을 쌓아야 한다며 나를 다그쳤다. 선배들을 열심히 쫓아다니며 배웠고, 매뉴얼을 늘 옆에 끼고 찾아보며 일했다. 문서로 습득하고, 내가 아는 것이 전부인 것처럼 18년의 세월을 자존심 세우며 살았다. 집에서 선풍기 하나 뜯어서 청소 못 하는 내 현실이 부끄럽다. 익숙한 방식으로 18년을 보냈으니, 지금부터 도전하고 배우려고 한다. 이과, 공대, 수식, 도면을 좋아했던 내가 초고, 퇴고, 탈고에 의미를 두며 시간 보낼 줄은 몰랐다. 익숙하지 않은 일에 시간을 투자하고 경험을 쌓는다. 그리고 기회가 나를 찾아왔다. 앞으로 무엇을 중심에 두며 살아야 할지 고민했다. 정답은 모르겠지만, 주변 사람을 돕기로 했다. 내가 가진 게 많아야 나눌 수 있다고 생각했다. 크고 위대한 것을 이루고 나서 나누려고 했었다. 이제는 내 수준에 맞는 것부터 나누어보기로 했다. 돕겠다는 가치를 열정에 추가했으니, 조금 더 자란 내 모습을 보며 혼자 조용히 웃어본다.

7. 풋내기들

오드리진

생긴 대로 하고 다녀 구두 대신 운동화 신고 뛰어서 다닌다 잘난 데도 못 난 데도 없는 우린 풋내기들 찡그리지 않고 한숨도 안 쉰다

― 산울림, '풋내기들'

여름, 에메랄드빛 바다, 이온 음료 광고에 나오는 하양과 파랑, 하얀 뭉게구름이 강렬한 선을 긋는 맑디맑은 하늘, 시원한 레모네이드, 짙어진 초록빛 숲속, 물놀이하는 아이들 웃음소리. 여름은 그래야 하는데, 나의 여름은 부딪힘이었고 깨짐이었고 저릿한 아픔이었고 결국은 승복하는 계절이었다.

스무 살이 넘어서야 하고 싶은 일이 하나씩 생겼다. 글을 써보고 싶다는 욕구도 그 시절에 나를 잠시 사로잡았다. 내 주변에 많은 사건과 사람들을 보면서 잠깐 그런 생각을 했었다.

부모님 모르게 한 학기 남겨두고 대학 졸업을 포기했다. 부모님은 아직도 그 사실을 모른다. 어떤 자격증도 스펙도 없던 나는, 그런데도 서울을 떠나지 못했다. 연애를 하는 것도, 직장을 다니는 것도 아닌데 그저 친구들과 만나고 이야기하는 게 좋아서 서울에 남아 있길 고집했다. 정말 철부지였다. 돈도 직업도 없던 나는 친구들 자취방을 전전했다. 친구가 소개해주는 과외를 잠깐씩 하면서 최소한의 생활을 유지해갔다.

암울했던 그 시절, 나를 1년 가까이 먹여주고 재워준, 심지어 용돈까지 쥐어주던 친구 Y가 있었다. 학교 다닐 때는 친하지 않았던 Y. 친구 L과의 술자리에 Y가 합류하면서 우린 마치 오랜 친구였던 것처럼 쉽게 가까워졌다. 술이란 매개체의 능력이었다. 사람 사이에는 가끔 기적이 일어나는 것 같다.

Y는 정장이 잘 어울리는, 키가 크고 스타일이 멋진 친구였다. 학창 시절 생머리 단발에 정장을 자주 입던 그녀는 나와 친구들이 쉽게 접근할 수 없는 외모의 소유자였다. 학생답지 않았던 차림새가 주변의 누구도 함부로 가까이하지 못하게 했다. 그녀 모습은 학생이라기보다 교단에 서는 강사가 더 잘 어울렸다. 그런 Y와 우연한 만남을 계기로 스스럼없는 사이가 된 것이다.

Y는 혼자 자취를 한다며 당분간 같이 지내자고 제안했다. 나는 너무나 기쁜 나머지 아무 생각 없이 "내일 갈까?"라고 물었다. 그녀는 웃으며 "그래"라고 대답했다.

다음 날, 그녀의 자취방으로 짐을 옮겼다. 막상 그녀의 집에 도착해보니 자취방이 아니었다. 체부동에 있는 작은 한옥이었다. 심지어 독채였다. 나는 서울에서 처음으로 내 방이란 걸 가져보았다.

처음 며칠, 우리는 이야기할 기회가 없었다. Y는 늦은 시간에 집에 들어오는 경우가 많았다. 나는 덕분에 편안한 며칠을 보낼 수 있었다. 그러나 시간이 지나면서 뭔지 모를 불안함이 나를 감쌌다. 미래에 관한 불안함인지, 아무런 명분 없이 Y의 집에 머무르는 현실에 대한 불안함인지 알 수 없었다.

그러던 어느 날, Y는 "쉬는 날인데 나랑 한강에 갈까?"라고 물었다. 한집에 있어도 말을 많이 나눠보지 못했고, 친구지만 왠지 어려웠기에 Y의 제안에 나는 망설임 없이 기분 좋게 따라나섰다. 사실 좀 더 가까워지고 싶었다. 우리는 한강변 풀밭에 신문지를 펼치고 앉아 맥주를 마셨다. 기억나지 않지만, 어색한 분위기를 만들지 않으려고 아무 의미 없는 말들을 쏟아냈던 것 같다. 어느 정도 취기가 오른 우리는 자리를 옮겨 집 근처 재래시장에서 2차로 소주를 마셨다. 우리의 이야기는 깊어지기 시작했다.

Y가 우연한 자리에서 만난 내게 어떻게 선뜻 같이 지내자고 제안할 수 있었는지 이야기해주었다. Y는 학교에서 나를 지켜보았다고 한다. 그때 나랑 친해지고 싶었다고. 나는 왜냐고 물었다. 나는 눈에 띄는 부류(나는 공부도 안 했지만, 흔히 말하는 노는 아이도 아니었다)가 아니었는데. Y가 말했다. 생각나는 대로 사는, 자유로운 아이로 보였다고. 아무 생각 없고 그저 휩쓸려 다니며 아무것도 하지 않아도 밝게 보였던 내가 부러웠다고. 아, 내가 그 시절 얼마나 힘들었는데. 그 친구에겐 어떻게 그렇게 보였을까. 나의 가면은 도대체 몇

겹이었을까. 아무튼, 그런 이유로 함께 지내자고 제안했던 거란다.

소주잔을 기울이며 Y는 자신의 이야기를 시작했다. 가난한 첫사랑 J에 관한 이야기를.

공부를 무척이나 잘했던 J는 대한민국 최고라는 S대에 입학했고, Y는 같은 학생 신분으로 J의 학비와 용돈 등 뒷바라지를 해주었다. 2년 이상을. Y는 밤업소 아르바이트까지 하면서 돈을 벌었다. 대학 입학 후 이념에 빠진 J에게 학비뿐만 아니라 옷가지와 그 당시 유행하던 나이키 운동화(목이 긴 나이키 양말에 나이키 운동화는 그 당시 우리에겐 없어서는 안 될 아이템이었다), J의 용돈까지 모든 경제적 뒷받침을 해주었다. 그러나 둘의 길은 너무나 달랐다. 마르크시즘에 깊이 빠져 있던 운동권 J는 동지들이란 친구들과 생활하면서 Y의 존재를 불편해했고, Y는 고급 클럽에서 아르바이트하면서 자본주의 속성에 젖어 들었다. 둘은 결국 심한 말다툼 끝에 헤어졌고, 그 이별이 가져다준 상처로 그녀는 오랫동안 방황했다. 그러면서 친구들과도 벽을 쌓게 되었다.

Y는 마지막 소주잔을 기울이며 지금은 서로 무엇을 하고 지내는지조차 모른다는 말로 이야기의 끝을 맺었다. 덤덤히 이야기하는 그녀의 표정은 아이들이 오랫동안 찾지 않아 찬바람만 남은 텅 빈 겨울 놀이터처럼 쓸쓸하게 느껴졌다. 순수함은 그렇게 사라지고 Y는 너무 일찍 어른이 되어버린 것 같았다.

Y가 갑자기 나에게 물었다. 하고 싶은 일이 무엇이냐고. 그때 나는 대답했다. 할 수만 있다면 글을 써보고 싶다고. 그 당시 나는 그녀에 대한 글을 쓰고 싶다는 생각을 했었다. Y에 대해. 지금 생각

하면 뻔한 드라마 같은 그 이야기를 세상을 향해 써보고 싶었다. 그때는 딱히 하는 일이 없었고, 그녀에게 신세를 지고 있었던 터라 그렇게라도 그녀를 위해 무언가를 해주고 싶었다. 나는 Y에게 약속했다. "너를 주인공으로 글을 쓸 거야." 나는 허풍쟁이였다. 글을 쓰기 위한 아무런 노력도 하지 않았다.

그렇게 시간이 흐르고 그녀와 함께하면서 그녀의 생활 방식이 나에게도 부담으로 다가왔다. 그곳에 더 머무를 수가 없었다. 일 년 사계절을 그곳에서 따뜻하게 보냈는데, 편지 한 장만 남겨놓은 채 그 집을 나와버렸다. 그녀를 생각하면 아직도 갚지 못한 빚이 있는 것 같다. 사계절을 먹여주고 따뜻한 잠자리까지 내어주었던 친구. 그 추웠던 서울 한가운데, 외로운 친구에게서 너무 쉽게 등을 돌린 것이다. 나는 봄처럼 여전히 너무 어렸다.

십여 년 전 그녀의 소식을 들었다. 절에 다니며 단청을 그리는 일을 하고 있다고. 단청을 그리고 있는 그녀의 여리고 서글픈 모습이 상상이 간다.

나의 여름은 그리워하는 사람들과 그리워하는 시간을 남긴다. 다음 계절을 위하여.

여름에 알아버렸다. 내가 아무리 좋아한다고 해도 추종하는 연예인과 결혼할 수 없으며, 키도 더는 자라지 않을 거라는 사실을. 아무 노력 없이 서울 한복판 멋진 사무실에서 고액의 연봉을 받으며 일할 수 없다는 것을. 내 뇌가 믿고 있는 기적들은 일어나기 힘들다는 것을.

난 어른이 되어도 하늘빛 고운 눈망울 간직하리라던 나의 꿈

- 로커스트, '하늘색 꿈'

이루어질 수 없는 꿈들….

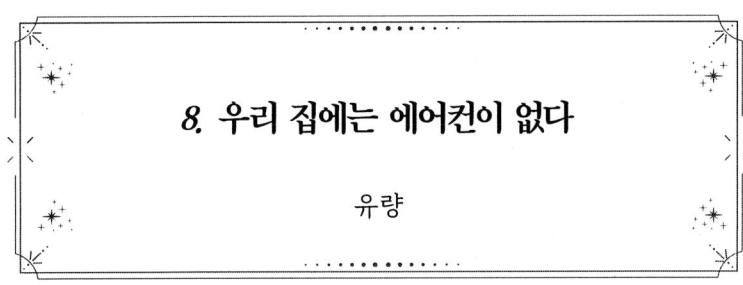

8. 우리 집에는 에어컨이 없다

유량

"우리 집에는 에어컨이 없어요."

이 말을 하면 사람들은 열이면 열 놀란다. 그리고 묻는다. 에어컨 없이 이 더운 여름을 어떻게 지내냐. 가족들이 에어컨 사자고 안 하냐. 에어컨을 한 번도 안 산 거냐. 무슨 특별한 이유가 있는 거냐. 그러면 나는 살짝 수줍은 듯 대답을 망설이다가, "지구 온도가 조금이라도 덜 올라가길 바라서…"라고, 뻔뻔하지만 진심인 이유를 말한다. 그러면 사람들은 또 신기하게도 그 말을 믿는다. 아직 의심하는 사람을 만난 적이 없다. 워낙 작은 소리로 이야기를 하다 보니 간혹 못 듣고 놓친 사람들이 있는데, 들은 사람이 그 이유를 못 들은 사람에게 전달할 때에도 전하는 사람이나 전해 듣는 사람이나 의심의 여지 없이 전하고 듣는다. "에이, 거짓말" 하는 사람도, "웃기시네" 하는 사람도 아직 만난 적이 없다. 아마 요즘 같은 날씨에 에어컨 없이 산다는 게 거의 불가능에 가까워서, 나름 비장한 이유가 있겠지 생각하는지도 모르겠다. 내 주위에 에어컨 없는 집은 우리 집 밖에 없으니 말이다.

분명 진심인 이유를 말하고 나면, 나는 그 외의 수많은 이유를 덧붙인다.

"그냥… 일단 더우면 최대한 안 움직여요. 애들이 덥다고 하면 샤워하고 선풍기 앞에 앉아서 움직이지 말라고 하구요. 에어컨 있는 사람들 얘길 들어보면 불만이 많더라고요. 거실 에어컨을 켜면 애들 방문을 닫아놔야 한다더라, 켰다 끄면 더 끈적거리고 더 덥다더라, 에어컨 켜고 지내는 날이 생각보다 길지 않다더라, 열대야 심한 며칠 동안만 켠다더라, 혼자 있으면 안 켜고 가족들이 들어와야 켠다더라, 전기세 폭탄을 맞았다더라, 하면서요."

그러면 사람들은 맞는 말이라면서 거기에 한마디씩 덧붙인다. 다들 너무 더워서 에어컨을 켜기는 하지만, 그게 좋기만 해서 틀어놓고 사는 건 아닌 모양이다.

내가 에어컨 바람을 싫어하느냐, 그건 절대 아니다. 오래전 독서지도사로 일할 때, 수업하러 방문한 집에서 에어컨을 켜주면 그렇게 감사할 수가 없었다. 한 시간을 뽀송뽀송하게 수업하고 나올 수 있었다. 특히 장마철에는 실례를 무릅쓰고 에어컨 좀 켜주십사 학부모께 부탁도 드렸다. 가뜩이나 더운데 습하기까지 해서 아이들 체온이 더 올라가 한 시간 수업이 더 힘들어진다. 생각하고 말을 하고 그걸 글로 써야 하는데, 많게는 대여섯 명이 모여 앉아서 절인 배추처럼 축 늘어져서 나보고 다 하라고 한다. 어떻게든 결과물을 만들어내야 하는 내 입장에서는 당장 처한 환경이 중요하다. 지구 환경 그런 건 안중에도 없다.

지금도 한창 더운 여름에 걸어서 외출할 일이 생기면, 볼일이 없는데도 은행이나 가까운 상가에 들어가서 시원한 공기에 잠깐씩 땀을 식히고 나오곤 한다. 날이 심하게 더운데 여러 사람이 오고 가는 장소 실내가 바깥 날씨만큼 후텁지근하면 속으로 불평을 한다. 성당 신부님이 지구 환경보호를 위해 미사 중 에어컨을 안 켜주면, 미사 내내 기도하는 게 아니라 투덜거리고 앉아 있다. '손부채질하는 이 많은 신자의 불쾌지수를 어쩔 것이여' 하면서.

그런데도 집에 에어컨은 이상하게 안 사진다. 열대야가 심하게 지속되는 날이면, 이젠 진짜 에어컨을 사야 하나 잠깐 고민하기는 한다. 하지만 며칠 지나면 더위는 분명 꺾일 거라는 것을 알고 있어서 그런지 참아진다. 더위 앞에 오히려 느긋해진다. 다른 사소한 문제들은 못 참을 때가 더 많으면서 말이다.

그리고 보면 가족들도 지금까지 제발 에어컨 좀 사자고 심하게 조르는 사람이 없었다. 있다가 없어진 게 아니라 애당초 있었던 적이 없어서인지도 모른다.

하긴 늘 집에 있는 건 나뿐이긴 하다. 아이들은 고등학생 때부터 기숙사 생활을 한 데다, 이제는 독립해 자기들이 사는 원룸에 에어컨이 설치되어 있어서 그런지 본가에 에어컨이 없는 걸 문제 삼지 않는다. 몇 년 전, 집에서 생활하던 아들이 너무 더웠는지 집에 있지 말고 차 타고 어디든 가자고 한 적이 있었다. 차에 타면 에어컨을 켜고 다니니까. 그런데도 집에 에어컨 없는 걸 투덜거리지는 않았다. 여름엔 더워야 맛이죠 하며 너스레도 떤다. 오히려 이 이야기를 전해 들은 사람들이 그냥 에어컨을 사라, 가족들이 뭔 고생이냐 말한다. 소신을 지키고 살려다 보니 고집쟁이가 된다.

앞으로 매년 여름은 더 더워지고 더위가 더 길어진다는데 살짝 걱정되긴 하지만, 또 안 살아내겠나 싶은 마음에 올해도 에어컨을 살 계획은 없다. 나 하나 실천한다고 지구가 덜 뜨겁겠냐마는, 그리고 위아래 집에서 에어컨을 켜는 바람에 우리 집이 더 더워지긴 하겠지만, 최대한 더위를 피할 방법을 찾으며 여름을 잘 나볼 생각이다. 일단 심하게 더운 날에는 아이들도 사절이다. 오는 것까지 말리지는 않겠지만, 에어컨 없는 걸 투덜거리지는 말아야 한다.

매년 짧지 않은 여름을 잘 나는 것이 나의 소박한 목표이다. 여름이면 최대한 덜 움직이고, 천천히 움직이고, 손님 초대도 하지 않을 생각이다. 가급적 열받을 일을 덜 만들고, 혹시 생겨도 중요한 일이 아니라면 남 일처럼 바라볼 거다. 여름마다 의도적으로 너그러워질 예정이다. 여름은 더워야 맛이고 겨울은 추워야 맛이지 해 가면서 반드시 다가올 가을을 인내심을 가지고 기다려볼 작정이다. 지금 계획은 새벽같이 출근하고 저녁 늦게 퇴근해볼 생각이다. 시원한 사무실에서 책도 읽고, 음악도 듣고, 이렇게 가끔 글도 쓰고, 동료들과 잡담도 하고, 간식도 먹으면서. 집안 살림을 더 줄일 거다. 살림이 많으면 집이 더 덥다. 썰렁하게 비우고 횅해 보일 만큼 단순하고 가볍게 살 계획이다. 생각도, 행동도, 주변 환경도.

말이 나와서 말인데, 우리 집에는 에어컨만 없는 게 아니다. 소파도 없고 거실 테이블도 없다. 침대도 없고 세탁 건조기도 없다. 화분을 못 키우고 워낙 잘 죽여서 이젠 화분도 몇 개 안 남아 있다. 그릇도 오래된 그릇, 냄비도 오래된 냄비, 가전제품들도 새것이라 할 만한 게 없다. 오래전 친정엄마가 하신 말씀처럼, 집에 도둑이 들어오면 오히려 보태주고 가야 하나 싶을 만큼 오래된 물건들뿐이다. 그렇다고 집이 누추하냐, 그건 절대 아니다. 오래됐다고 해서 다 누추한 건 아니니까. 없다고 해서 가난한 건 아니니까.

 뜨거운 여름, 덥고 끈적거려 불쾌해지기 쉬운 계절이지만 여름에 곡식은 광합성 작용으로 알곡을 채우고, 과일은 과즙을 듬뿍 담는다. 여름을 잘 살아야 가을에 거두어들일 게 많다. 아무리 추운 나라 해도 상대적인 여름은 존재하고, 길 것만 같은 더위도 끝은 온다. 에어컨 유무의 문제가 아니다. 내 마음가짐이 문제다. 나의 여름은 뜨겁지만, 충분히 견딜 만한 계절이다. 살아있는 한 나는 매년 여름을 만날 것이고, 그 여름과 잘 타협하며 지낼 것이다.
 그러니 여름아, 부탁한다.

9. 한 개 부족하게 태어났지만, 나는 그들과 나란히 걷고 싶었다

해돋이

초등학교를 입학하면서 가장 크게 느낀 장벽은 다른 아이들과 같지 않다는 것이었다. 친구들보다 한 개 부족하다는 것을 알게 되었다. 나에게는 스스로 걸을 수 있는 다리가 없었다. 하지만 억울해하지 않고 그대로 받아들였다. 그냥 부족한 만큼 한 개를 더 잘해서 그들과 똑같이 맞추면 되는 줄 알았다. 그렇게 하면 같아진다고 믿었다. 그러나 현실은 그렇지 않았다. 장애로 생활하면서 똑같이 맞추겠다는 나의 하루하루는 힘겨운 나날이었다. 너무 높고 큰 산과 건널 수 없는 바다가 있었다. 친구들에게는 아무것도 아닌 일상들이지만, 수없이 반복해야 겨우 한 개를 얻을 수 있는 것들이었다. 집 밖 세상이 힘들어서였을까, 자라면서 나와 같은 장애인을 본 적이 없다. 세상에 장애인은 나 혼자인 줄 알았다. 지금 생각해 보면 힘든 세상에 그들이 나오지 않았던 것 같다. 세상 밖이 힘들다는 것을 알고 있었던 것이다.

지금은 사회가 많이 변했다. 많은 건물에 엘리베이터가 설치되고, 도로는 잘 포장되어 있다. 계단의 높이도 예전보다 낮아졌다. 내 학창 시절에는 그렇지 못했다.

한마디로 장애인이 생활하기에는 가시밭길이었다. 하지만 이런 모든 것들이 문제가 되지 않았다. 친구들과 같을 수 있다면 뭐든 참고 해내야 했다. 이때부터 장애인으로서의 삶과 나의 전쟁이 시작된 것이다.

당시는 나무로 만든 지팡이(목발)를 짚고 다녔다. 무겁고 낡은 나무 지팡이는 매 순간 가시가 일어난다. 가시 박힌 손은 항상 상처투성이였다. 손은 아렸지만 그런 것은 문제가 되지 않았다. 어느 겨울, 엄청 추운 한파였다. 장갑을 낄 수 없어 맨손으로 지팡이를 짚고 학교 갔다.

손은 마치 얼음같이 시리고 끊어질 것만 같은 아픈 통증이 왔다. 그래도 장갑을 낄 수 없었다. 8살 여자아이의 고사리 같은 작은 손으로 지팡이를 양쪽으로 짚고 다니는 것은 결코 쉬운 일이 아니다. 장갑을 끼면 그 두께 때문에 지팡이를 잡을 수 없었다. 지팡이가 손에서 벗어나 넘어지고 말았기 때문이다. 차가운 겨울 시멘트 바닥 위에 넘어지면 추위에 언 무릎에 엄청난 아픔의 고통이 따른다.

한 걸음 걷고 손에 '호' 하고 입김을 불어주고, 또 한 걸음 걷고 시린 손에 입김을 불어주기를 반복하며 등교하던 기억이 난다. 호주머니에 손을 넣고 걸어보고 싶었다. 그때는 그런 마음이 간절했다. 주머니에 양손을 넣은 채 환하게 웃고 이야기하며 걸어가는 친구들이 부러웠다.

그렇게 고된 하루를 보내고 집에 돌아와 저녁이 되면, 어린아이의 몸으로 종일 지팡이 생활을 한 탓에 지쳤던지 아침에 일어나면 이불은 붉은 코피로 얼룩져 있었다.
그렇지만 친구들과 같아져야 한다는, 배움에 대한 열정에는 어떤 것도 방해가 될 수 없었다.

친구들과 같아지기 위해 한 개를 더 채우려 했던 생활 습관은 급기야 그들을 앞지르는 결과가 되었다. 오히려 업무 능력에서 앞서 있었다. 앞지르고자 함은 결코 아니었다. 같은 위치에서 나란히 걷고 싶어서 노력한 내 삶의 계산법은 그들을 저 멀리 뒤로하고 있었다. 어느 회사에 입사해도 동기들과 같이 시작한 업무에서 월등한 평을 받았다. 승진의 기회도 빨리 왔다. 나란히 걷고자 함이 전부였는데 평행선이 아닌 수직선이 되어 있었고, 오히려 그들의 부러움과 질투를 받고 있었다.
돌이켜보면, 한 개가 부족하다고 생각했기에 열심히 살 수 있었다. 그것이 지금의 나를 만들었고, 무엇이든 할 수 있다는 자신감을 가지게 한 것 같다.
지금은 친구들과 나란히 걷고자 했던 그 시절의 어린아이와 같은 마음이 아니다. 자신만의 속도에 맞게 걷는 법을 알게 되었다. 나만의 속도와 방법으로 걸어도 괜찮다는 여유로움이 생겼다.
일을 좋아하는 나는 지팡이를 짚고라도 일생 직장인이기를 원한다. 나를 필요로 하는 곳에서 능력을 인정받을 때 살아 있음을 느끼기 때문이다. 생의 후반기에도 지금처럼 자신의 자리에서 당당히 한 사람의 사회인으로 살아가기를 원한다.

백세 시대의 반을 살아온 지금도 5년을 계획하고, 10년을 계획하는 산수 계산을 하며 준비된 자세로 살고 있다. 예전에는 어떻게 하면 넘어지지 않고 무사히 지낼 수 있을까? 비가 오면 어떻게 학교 가야 할까? 하는 두려움과 무서움의 계산을 하고 하루를 살았지만, 이제는 이런 계산이 필요 없다.

지금은 예전과 같은 두려움의 계산이 아닌, 원하는 것을 주체적으로 선택하는 즐거움과 기쁨의 계산을 하고 있다. 어려서는 다른 사람의 마음을 먼저 살피느라 내가 하고 싶은 것, 배우고 싶은 것을 표현하지 못하고 포기할 수밖에 없었던 것들을 이제 포기하지 않아도 된다.

자신의 힘으로 배우고 싶은 것을 원하는 대로 선택하며 배우고 있다. 읽고 싶은 책도 망설임 없이 구입한다. 학습에 필요한 도구와 하고 싶은 것은 무엇이든 할 수 있는 자유가 생겼다.

아침에 일어나 출근하기 전 배움의 길로 향하는 내 발걸음에서 누구보다 행복해하고 있음을 스스로 느끼고 있다. 마치 봄기운이 내 얼굴에 스치는 기분처럼 가벼운 발걸음으로 걷고 있음을 느끼고 있다. 60대, 70대가 될 나의 모습을 생각하며 틈틈이 배움의 손을 놓지 않는다.

생은 공평하다고 했던가? 나에게는 절대 불가능할 것만 같았고, 내 것이 아닌 것만 같았던 꿈같은 생활이 내게도 찾아왔다. 어린 시절의 기나긴 겨울 같았던 삶에 대한 보상을 받기라도 하듯이 지금 나는 하루하루 엄청나고 행복한, 따뜻한 봄을 즐기고 있다.

제3장

내려놓음,
흔들리지 않는 성숙함

1. 비워내고 채워 넣고

강명경

"이건 내가 진짜 원하던 삶이었을까?"

여름이 지나고, 잠시 멈춰 섭니다. 학위 과정에서 수료가 아닌 '졸업'이라는 두 글자는, 오랜 시간 묵묵히 애쓰고 견뎌낸 끝에 얻어낸 깊은 결실입니다. 논문을 마무리 짓고 책상 앞과 바닥에 널브러진 출력물들을 정리합니다. 드디어 끝났다 싶지만 이상하게 마음이 조용하고 덤덤합니다. 울컥하기도 해요. 몇 년을 달려와 끝을 맺었는데, 마음 한쪽은 왠지 허전합니다. 오랜 시간 바라던 순간이었는데요. 마음 한 켠이 비어 있는 기분입니다. 충분히 채워온 줄 알았는데, 가만히 들여다보니 무언가 중요한 것을 놓친 것 같습니다. 너무 오랫동안 목적지에만 매달려서일까요. 멈춰선 그 자리에 정적이 느껴집니다.

원하는 것을 거뜬하게 성취해내고 승승장구하는 사람들도 있습니다. 부럽기도 하지만 분명 나와는 다릅니다. 특별하게 잘하는 게 없는 만큼 더 뛰어야 겨우 할까 말까. 하나를 하더라도 두 배 이상으로 힘을 보태야 했죠. 내가 아는 부족함을 들키지 않도록, 계절이 어떻게 지나가는지도 모를 만큼 집중해야 했습니다. 전전긍긍하며 불안한 마음으로 하루를 버팁니다. 힘든 날들의 연속이 언제 끝나려나 싶었어요.

멈추면 무너질 것 같았고, 한번 주저앉으면 도태된다는 생각에 스스로를 몰아붙이기 바빴어요. 불안은 쉼 없이 달리게 만들었고, 달리는 저는 늘 앞서가는 누군가를 의식하며 숨을 헐떡였죠. 내가 원하는 게 이거였는지, 시간이 흐를수록 확신보다는 의심이 자주 들었어요. 결과를 얻어냈을 때 해냈다 할 뿐이지, 내가 하는 노력에 대해서 마음을 자세히 들여다보지 못했습니다. 누구나 할 수는 있지만 쉽게 해내긴 어려운 것, 마음을 다해야 가능한 노력인데 말입니다.

난 누구보다도 기특했고 대견했습니다. 아무도 우습게 볼 수 없고 함부로 말할 수 없는 나만의 노력입니다. 남들보다 잘 못하는 모습, 뒤처지는 모습을 들키기 싫어 넘어져도 누가 볼세라 금방 일어나려고 했습니다.

24개월 된 조카를 자주 봅니다. 말도 제대로 하지 못하는 아기에요. 입을 환하게 벌리고 웃거나, 손에 쥔 인형을 자랑하듯 흔들며 눈을 마주칠 때면, 저도 모르게 표정이 부드러워집니다. 보고 있으면 이유 없이 웃음이 납니다. 아이가 제 손을 꼭 잡고 가만히 서 있는 순간, 아무 말이 없어도 마음이 한가득 채워지는 기분입니다. 아가에게 바라는 건 아무것도 없습니다. 단지 잘 먹고 자고 싸고, 건강하게만 자라주면 좋겠다는 마음뿐입니다. 아이는 재롱을 떨지 않아도 존재 자체만으로 충분히 사랑스럽고 고맙습니다.

사랑이란 노력하고 증명해야만 얻을 수 있는 것이라 믿었습니다. '사랑하면 당연히 이 정도는 해줘야 하지', '사랑하는 사이라면 아무리 바빠도 연락이 안 되는 건 말이 안 되지' 등 암묵적인 기준이 있었어요. 당연하다고 생각할수록 서운함으로 돌아옵니다. 그럴 수밖에요. 각자 살아온 방식도 상처받은 경험도 다르니까요. 내가 보낸 시간 속에서 해결해야 할 부분인데, 상대방이 맞춰주기를 바라고 있으니 어떻게 믿음이 생기고, 안정된 관계를 맺겠어요. 일도 사랑도 나를 낮추고 노력한다고만 해서 될 일은 아니니까요.

그런데 아가를 통해 전혀 다른 사랑의 모습을 만납니다. 일주일에 사흘 이상 함께하는 존재는 말보다 더 큰 방식으로 메시지를 전합니다. 있는 그대로 곁에 있어줘서 고마운 마음, 아마도 이게 진짜 사랑인 것 같습니다.

무언가를 잘하지 않아도 나의 존재도 소중합니다. 일이든 사랑이든 마음껏 할 만큼 하면 되었던 걸, 왜 잘해야만 사랑을 받고 주목받을 수 있다고 믿었을까요. 어쩌면 인정받아야만 존재를 인정받을 수 있던 지난 경험들이 만들었을지도 모르겠어요.

모든 걸 놓치지 않으려고 달리던 시간을 멈추고, 중요하게 여기는 것이 무엇인지 돌아보게 만드는 시기. 욕심을 갖고 열정을 쏟으며 살던 속마음은 잘해내는 사람이 되고 싶었고, 사랑받고 싶은 마음이 컸어요. 가지려고 할수록 집착이 되고, 자유롭지 못하다는 걸 압니다. 마음처럼 되지 않을 때는 내려놓는 순간도 필요하고요. 덕분에 여유의 필요성을 배웁니다.

이제 관계는 원하는 것이 물건이든 사람이든 가까워지려고 거리를 좁히고자 나를 낮춰가면서까지 애써 부단히 노력하지 않아도 되는 것 같습니다. 사람마다 안정감을 느끼는 정도가 있듯이, 적절한 거리를 두는 것이 얼마나 중요한지 알았으니까요. 한쪽이 무조건적인 희생을 해야만 관계가 유지된다면, 그건 이미 건강하지 않은 관계라는 것도요. 비워야만 채워지는 것들이 있다는 말, 처음엔 머리로만 이해했습니다. 있는 그대로의 나를 받아들이는 힘이 필요했다는 걸 알게 된 날, 이제는 그 말이 가슴에 천천히 스며들어 와 닿습니다.

이제야 저는 멈추는 연습을 시작합니다. 쉽게 일어나기 어려운 걸 알았을 때는 넘어지지 않은 척 조용히 그 자리에 머무르기도 합니다. 그리고 다시 천천히 걷습니다. 느려 보일 수도 있지만, 어떻게든 내 속도로 묵묵하게 한 발씩 걸어서 나아갑니다. 이제야 보면 노력을 힘껏 했던 경험은 엇나가지 않은 길로 안내한 것 같습니다. 도전과 방황의 연속은 나를 한층 더 깨우게 합니다. 달려가기만 하기보다는 돌봄이 있어야 더 깊게 다져갈 수 있고, 그만큼 성장하고 성숙해간다는 것을요.

돌아보면 삶은 늘 무엇을 더할까보다 무엇을 덜어내야 할지를 묻고 있었습니다. 내려놓을 수 있게 되면서 내 안의 공간을 다시 살펴

봅니다. 아주 오래된 내 마음을 조용히 만나 인사합니다.

나에게 가을은 쉼터 같습니다. 지나온 날들을 돌아보며 어떤 사람으로 살고 있었는지, 앞으로는 어떻게 보내고 싶은지에 대한 질문이 겨울로 가는 문 앞에 말없이 놓입니다.

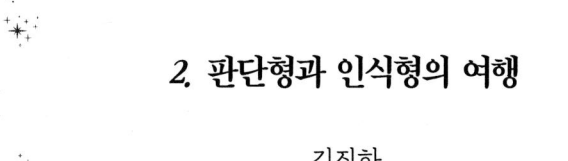

2. 판단형과 인식형의 여행

김진하

봄에는 꽃 나들이, 여름은 피서, 가을은 단풍놀이, 겨울엔 눈 구경. 계절마다 다양한 이유로 나들이에 나서곤 한다.

낯선 곳에서 만나는 세상은 더 새롭게 다가오고, 그 경험들이 쌓여 삶은 훨씬 풍요로워진다. 여행을 떠나야 하는 이유다.

MBTI에서 극단적 'J(판단형)'인 내게 여행 계획은 세상 가장 행복한 궁리다.

둘째를 낳고 육아휴직으로 1년을 쉬었던 난 천안에서 다시 일을 시작하며 중고 마티즈를 샀다. 차는 작지만 아이들이 어려 자리가 넉넉했다. 내 어린 시절 전국을 다녔던 가족여행의 기억이 좋았다. 2살, 5살 아들에게도 그런 추억을 만들어주고 싶어 주말이면 차를 끌고 밖으로 나가느라 남편에게 방랑벽이 있냐는 핀잔을 듣기도 했다. 하지만 쉬는 날 없이 일하는 남편 덕에 혼자 육아를 전담하다

보니 환기할 구멍이 필요했다.

놀이공원, 워터파크, 특히 지역의 역사가 흐르는 박물관과 국사책에 나오는 유적지는 필수 코스였다. 가까우면 당일치기, 지방은 2박 3일쯤 여유를 갖고 떠난다. 고속도로 휴게소에서 커피와 소떡소떡, 통감자, 오징어버터구이 같은 먹거리를 군것질하는 재미도 크다.

우리는 가까운 서울부터 대전, 대구, 경주, 통영, 부산, 속초, 영암, 제주도까지 전국을 누볐다. 아들들의 첫 해외 여행지 태국도 함께였다. 두 아들은 20년 넘게 국내외 어디서나 든든한 나의 여행 메이트였다.

첫째가 대학을 졸업하고, 취업 준비로 바쁘다. 둘째는 강원도 최전방에서 육군 일병으로 땀 흘리며 복무 중이다. 그러다 보니 퇴근해서 돌아오면 불 꺼진 집을 대하거나 주말에 혼자 있는 시간이 생겼다. 세상에. 어느새 아이들은 컸고 빈 둥지 증후군이 코앞이다.

변화된 일상을 무엇으로 채울지 새로운 고민이 시작됐다. 여유라곤 모르고 하루하루 열심히만 살아와선지 모처럼의 고민이 특별휴가를 받은 것처럼 살짝 설렌다. 사실 일과 공부는 예전과 비슷하고, 살림은 인원이 줄었어도 여전히 시간 소모가 많다. 가장 크게 바뀐 것은 여행 동반자가 사라진 것이다. 가깝게 지냈어야 할 남편은 경조사를 챙길 때나 일할 때 동행했지, 둘이서 순수하게 여행을 간 것은 신혼여행 이후로 기억이 없다. 또 술자리와 사람을 좋아해서 50대가 되자 오히려 집에 붙어 있는 날이 없다.

앞으로 남편과 둘만 있는 시간이 늘어날 텐데. 버킷리스트에 있는 내 꿈의 여행지 유럽에 같이 갈 수 있을까?

　Step by Step. 오랜 시간 바쁘게 살며 소원했던 남편과 여행 계획을 세워보기로 했다.
　같이 일하는 위센터 선생님들이 강력하게 추천해준 남해를 첫 여행지로 골랐다. 남편이 핸드폰 바둑 게임에 온 신경을 쓰고 있을 때 슬쩍 남해 사진을 보여주고 여행 승낙을 받았다. 검색을 거듭하다 보니 남태평양에 가면 있을 것 같은 파란 바다 앞 하얀 펜션이 눈에 띈다. 평점과 후기도 가장 좋아 이틀 예약했다. 금, 토, 일 2박 3일 일정. 필수 여행 코스를 알아보고, 가서 입을 옷도 커플룩으로 주문 완료. 모든 일이 순조로웠다. 신혼여행을 다시 가듯 설레서 일이 손에 안 잡히는 김에 목요일 오전에 조퇴하고 전주까지 미리 내려가기로 했다. 출발 전에 잠깐 남편이 하는 원룸과 편의점에서 대학생들이 영화를 찍는다며 둘러보고 가기로 했다. 하지만 편의점에 도착해서 보니 영화 촬영하는 스텝들의 짐과 먹다 남긴 음료수, 과자 봉지들로 엉망이 된 상태라 청소가 시급했다. 어질러진 것을 정리하고 치우는데 원룸에서 에어컨이 고장 났다고 연락이 왔다. 그것까지 해결하느라 출발 시간은 자꾸 지체됐다.
　숙소도 안 잡았고, 너무 늦으면 검색해두었던 맛집 식당도 문을 닫을 것만 같은데. 슬슬 불안이 올라왔다. 4시에 떠나려던 계획보다 두 시간 늦게 출발했다. 계획이 조금씩 틀어지자 벌써 여행의 감흥이 조금 사그라들려고 한다. 다행히 남편이 차를 빨리 몰아 8시 전에 전주에 도착했다.
　식사는 늦은 것 같아 급히 검색해 안주가 상다리 부러지게 나온다는 막걸릿집으로 갔다. 기본 안주에 주인아저씨가 추천한 맑은 동동주를 시켰더니 프라이드치킨과 수육, 도토리묵 무침, 부침개, 조개탕, 샐러드, 버섯 버터구이 등이 정말 한 상 가득 나왔다. 서로 술을 따라주며 주거니 받거니 사는 얘기를 나누다 보니 금방 10시가 되었다. 여기서 숙소가 많은 번화가까지는 1㎞ 거리라 술도 깰 겸 걷기 시작했다. 밤인데도 30도에 가까운 온도와 높은 습도에 지치고 땀으로 범벅이 되어 목적지에 도착했다. 방학 시즌이라 호텔은 이미 만실이었다. 깔끔한 숙소를 찾아봤지만 모두 허탕이라 모텔이라도 가야 하나 망설이던 순간, 남편이 발로 뛰어 호텔을 잡았다. 조기 퇴실한 스위트룸이라며 조식 제공도 되는데 8만 5천 원에 주겠다고 했다. 남편은 11시도 넘었다며 오천 원을 깎아 8만 원에 들어가기로 했다. 나와는 반대로 생활력도 강하고 극 'P(인식형)'인 남편은 이렇게 좌충우돌하면서 쌓는 경험이 훨씬 좋지 않냐며 만족스러운 모습이다.

남해에 도착해서는 예약해둔 아름다운 숙소에서 묵고 독일마을에서 소시지 안주에 아잉거(Ayinger) 맥주를 마셨다. 첫날부터 컵라면 물 붓는 것이나 회를 사는 장소처럼 사소한 것으로 의견 충돌이 생겼다. 남편은 계획을 따르기보다 그때그때 돌발 제안을 해왔다. 멋진 호텔이나 숨겨진 맛집을 만나는 행운이 따라주기도 했고, 헤매다 시간만 낭비할 때도 있었다. 그렇게 좌충우돌 3박 4일 여행을 마쳤다.

살면서 다르다 느낀 적이 많았지만, 우리는 여행 성향도 정반대였다. 아이들과 함께할 때는 보호자이자 인솔자로 미리 세운 일정을 소화하면 돼서 부딪힐 일이 없었다. 남편과의 여행은 달랐다. 매번 협의하고 합의를 끌어내야 하니 시간도 에너지도 더 쓰게 된다. 간식 하나 내 맘대로 사려면 잔소리가 따라왔다. 그래도 밥을 먹고 차를 마시며 며칠을 함께 여행하니 예전에 속상했던 얘기도 하고, 고맙다는 인사도 들으며 다가올 미래를 그려볼 수 있었던 점은 좋았다.

강력한 판단형(J)과 더 강력한 인식형(P)의 여행. 누가 더 불편하다고 느꼈을까?

가을을 생각하면 여름내 힘들여 지은 곡식을 추수하는 풍요로운 모습이 떠오른다. 에릭슨의 심리 사회적 발달단계 중 7번째인 중년기도 계절로 보면 가을에 가깝다.

아이를 낳아 잘 기르는 하나의 목표로 부모의 역할을 다하다 보면 어느샌가 아이는 독립하고 부부만 남는다. 사랑의 힘으로 맞췄던 신혼 때처럼, 중년을 지나는 부부도 서로에게 다시금 1순위가 되기 위한 또 한 번의 노력이 필요하지 않을까. 이번엔 친숙함과 의리, 그리고 같이 나이 들어가며 생기는 약간의 측은지심이 도와줄 듯하다.

남편과 편안하고 멋진 여정을 함께 하기 위해 최소한의 계획과 즉흥적인 모험에 나를 맡겨봐야겠다.

이제 내 안의 자유로운 영혼을 깨울 때다.

3. 열매에는 씨앗이 있을까?

김하세한

가을은 열매가 무르익는 계절이다. 씨를 뿌리고, 비를 견디고, 바람을 지나온 끝에 무게를 품은 결실이 나무에 매달린다. 내 삶도 그랬다. 지나온 시간들이 나를 무겁게 만들었지만, 그 무게는 헛되지 않았다. 나는 엄마이고, 학생이었다. 하루하루를 견디며 두 세계를 동시에 살아낸 사람이었다. 엄마이기에 '아이를 더 잘 키우고 싶어서'라는 이유로 학생을 선택했다. 주먹구구식보다 전문적인 이론적 지식을 바탕으로 아이를 돌보고 교육하고 싶다는 학구열이 더 컸다. 그렇게 선택한 전공이 바로 유아교육이었다. 유아교육을 공부하면 내 아이를 정말 잘 키울 수 있을 것 같았다.

그 결정은 육아에만 전념했던 나의 생활을 바꾸어놓았다. 생각하지도 못했고 예상 밖의 일이었다. 나만의 시간이 생기기 시작하였다. 육아라는 현실로부터 잠시나마 벗어나고 있었던 것이다. 그 벗어남은 이상하게도 나에게 휴식을 주는 탈출구 같은 느낌이었다. 공부하는 시간은 온전히 나만의 시간이 되었다. 아이를 잘 키우고 싶어서 시작했던 공부 때문에 아이러니하게도 아이를 시부모님과 친정부모님에게 맡기는 상황이 자꾸만 생겨났다. 그런데도 나는 공부하는 시간이 너무도 행복했다. 아이를 돌보는 일도 사랑스럽고 행복했지만, 책을 읽고 수업에 몰두하는 시간은 또 다른 깊은 충만함을 안겨주었다. 마치 아름다운 초록의 숲속 길을 걷다 쉼을 위해 마련된 벤치를 우연히 마주친 것처럼. 나에게 숨을 고를 수 있게 해주는 쉼의 공간이었다. 그 벤치에 앉아 나무를 바라보고 숲의 숨결을 느꼈다. 삶의 중심이 오로지 아이에게만 쏠려 있던 나날들 속에서, 그 여백은 나를 다시 나답게 만들어주는 소중한 시간이 되었다.

마침내 내 손엔 유치원 정교사 자격증과 어린이집 원장 자격증이 쥐어졌다. 이 두 장의 종이는 단순한 자격이 아니라, 엄마이자 여성으로, 그리고 나 자신으로 살아낸 시간의 증거였다. 자격증을 들여다보며 잠시 뿌듯함에 젖었다. 스스로 해냈다는 성취감은 분명히 있었다. 그러나 새로운 일을 시작할 계획은 없었다. 내 곁엔 아이 셋이 있었고, 막내는 겨우 17개월이었다. 아직 품에서 떨어지지 않는 작은 생명. 내 시간은 하나도 없었다. 24시간이 전부 누군가를 위한 시간으로 가득 차 있었다. '아이를 잘 키우기 위해 공부했다'라는 생각으로 스스로를 안심시키며, 자격증을 쥔 손은 좀처럼 움직이지 않았다.

한편, 함께 공부한 동기들은 하나둘씩 결과를 만들어내고 있었다. 어린이집 원장이 되고, 유치원 교사가 되고, 수업 자료를 나누며 어엿한 선생님이 되어갔다. 나도 모르게 부러움이 싹텄다. 그러나 그 감정이 자라고 있다는 사실조차 눈치채지 못했다. 무의식에 잠겨 있던 감정이었다. 오래 숨겨지진 않았다. 속 깊은 곳에서 무엇인가 꿈틀거리기 시작했다. 꿈틀대며 꿈이라는 틀에서 나를 깨고 나오라고 손짓하고 있었다. 오래된 껍질을 벗고 계절을 맞이하듯, 마음 안에서 이제는 나아가야 할 때라고 알려주고 있었다. 마침내 알아차렸다. 알아차림은 언제나 새 문을 연다.

가보지 않은 길, 준비되지 않은 길. 조용히 그러나 단단히 첫발을 내디뎠다. 처음 시작한 곳은 아파트 단지 내에 자리한 어린이집이었다. 새벽같이 눈을 떠 아침을 준비하고, 큰아이와 작은아이의 등교 준비를 도우며 아침 식사까지 챙기는 일은 늘 정신없었다. 막내는 눈도 뜨지 않은 채 잠든 상태였다. 그 아이를 이불로 감싸 돌돌 말아 시댁에 맡기고 출근했다. 하루의 긴 일정을 준비하는 일상은 늘 부산했다.

아들 손주를 바라셨던 시부모님은 딸을 둘 낳고 얻은 귀한 손주를 며느리가 굳이 밖에 나가 돈을 벌며 키우는 걸 원하지 않으셨다. 조용히 집에서 아이들이나 잘 돌보길 바라셨다. 그럼에도 내가 사회로 나아가려는 첫걸음을 막지 않으셨다. 오히려 기꺼이 손주들을 돌봐주셨다. 돌돌 말린 채 품에 안긴 손주를 대문 밖에서 받아 안으시던 모습은, 바쁘게 출근하는 며느리를 조금이라도 덜 힘들게 하려는 배려였다. 막내뿐 아니라 위의 두 딸까지 저녁까지 챙기며 정성을 다해주셨다. 그 헌신이 있었기에 나는 버틸 수 있었고, 나아갈 수 있었다.

3개월쯤 지나자 어느 정도 익숙해졌다고 느껴졌다. 그 무렵부터 막내를 데리고 출근하기 시작했다. 20개월 된 아이는 등원을 엄마와 함께하니 괜찮았지만, 하원 준비만 시작되면 눈물을 보였다. 다른 아이들이 아침에 엄마와 떨어질 때 울었다면, 우리 아이는 오후가 되어 엄마와 헤어질 시간이 다가오면 울음을 터뜨렸다. 너무도 당연한 반응이었다. 2학기가 시작되던 무렵, 교사가 바뀌며 신입 교사가 새로 왔다. 나와 아이의 관계를 알지 못했던 그 교사는 출근 첫날, 하원 시간에 집에 가지 않겠다며 우는 막내의 모습을 보고는 당황한 기색을 감추지 못했다. 막내는 오후 3시에 하원 버스를 타고 할머니 댁으로 향했고, 나는 저녁 7시 30분까지 근무했다. 하루를 함께 시작했지만, 정작 또래 아이들이 엄마와 시간을 보내는 저녁 무렵이면 아이는 떨어져 있어야 했다. 퇴근길이면 시댁에 들러 아이를 데리고 다시 집으로 향했다. 매일 반복되던 이 여정은 '엄마'라는 이름과 '일하는 사람'이라는 역할 사이를 잇는 다리 같은 시간이었다.

시어머니께서 오후 시간에 아이를 돌봐주실 수 없던 날, 막내는 내 퇴근과 함께 하원하게 되었다. 한창 여름이었지만 바깥은 이미 어둠이 내려앉아 있었다. 하원 버스가 아닌 자가용의 뒷자리에 태우고 출발하려는 순간, 막내가 아주 당연한 듯 말했다.

"이젠 엄마지."

가슴이 저릿해졌다. '엄마라고 부르면 안 돼'라고 말한 적은 한 번도 없었건만, 아이는 어느새 스스로 그렇게 느껴왔던 모양이었다. 그 작은 마음속에 얼마나 많은 생각이 오갔을까. 기특하면서도 애듯했다. 그 말 한마디에 눈물이 핑 돌았다. 나 혼자만 애쓰고 있다고 여겼던 시간 속에서, 막내 역시 조용히 나와 함께 자라고 있었던 것이다. 열매는 저절로 열리지 않는다. 언제나 시작은 작고 조용한 씨앗 한 알에서 비롯된다. 심고, 기다리고, 견디는 시간이 없다면 무르익은 가을의 결실도 있을 수 없다. 그 오랜 기다림 끝에 나무는 마침내 그 해의 이야기를 하나의 열매로 품는다. 삶도 그렇다. 엄마이기 때문에 멈춰야 했고, 포기해야 했던 것이 많았다. 그러나 멈춘 자리라 생각했던 시간 속에 엄마의 자리라는 또 다른 씨앗이 심어져 있었다. 포기한 시간 속에 단단한 뿌리가 나도 모르게 내려가고 있었던 것이다.

육아가 끝이 아닌 또 하나의 시작이 될 수 있다. 그 시작은 아주 작은 용기 하나에서 비롯되었다. 혹시 지금, 주저앉고 싶은 계절 한가운데에 서 있는 이가 있다면. 엄마로서, 아내로서, 혹은 어떤 이름 아래 놓여 있는 책임들에 짓눌려 자신을 잃고 있다면 잠시 스스로에게 물어보면 좋겠다. 무언가 새롭게 시작하고 싶을 때 가장 먼저 떠오르는 건 설렘이 아니라 이유다. 너무 늦었다, 아직 준비가 안 됐다, 아이가 어리다, 시간이 없다…. 시작을 가로막는 이유들은 언제나 정당해 보인다. 그래서 많은 이들이 그 이유 앞에 주저앉고 만다. 나 역시도 그랬다. 용기를 내보기도 전에 마음을 접었었다. 아직 열어보지 않은 문 앞에서 돌아섰다. 어떤 도전도 완벽한 조건을 갖추고 시작되진 않는다. 마음이 움직였을 때, 더는 이렇게 살 수 없다는 간절함이 올라올 때, 그 순간이 가장 정확한 시작의 시간이다. 모든 조건이 갖춰지기를 기다리다 보면 결국 아무 일도 일어나지 않는다.

　핑계는 우리를 보호하는 척하면서 가능성을 가로막는다. 스스로 꺼내보지도 못한 삶이 얼마나 많은가. 주저앉고 싶은 마음이 올라올 때야말로 진짜 일어설 시간이다. 내 안에 움트는 목소리를 외면하지 말자. 그 작은 몸짓 하나가 언젠가 무르익은 결실이 되어 삶의 방향을 바꿔줄 것이다. 두려움보다 더 큰 용기를, 이유보다 더 깊은 의지를 품고 지금 여기서 다시 일어서자. 준비된 사람이 도전하는 것이 아니라 시작한 사람이 비로소 준비된 것이다.

4. 밤송이와 파란 가을 하늘

서림승희

"여보세요? 엄마, 나야."

"응, 그래."

"어, 이번 달에 출산하는데. 애기가 안 내려온대… 계속 그러면 수술할 수 있대. 엄마가 와줬으면 좋겠는데… 와줄 수 있어?"

1년 만에 엄마에게 전화했다.

사랑하는 사람만 있으면 가족 없이도 행복하게 살 수 있다고 생각했다. 출산일이 다가오는데 아기는 거꾸로 있었다. 아기가 자세를 바꾸지 않으면 자연분만은 어렵다고 했다. 다니던 병원은 안중읍에 하나뿐인 개인 산부인과. 시내에 있는 큰 병원으로 옮기는 것도 생각해보자고 했다. 자라면서 감기 한 번 크게 앓은 적 없었다. 병원조차 몇 번 안 가봤는데. 큰 병원에서 수술이라니. 두려움이 몰려와 아무런 생각을 할 수 없었다. 무서웠다. 무섭고 두려우니 생각나는 사람이 엄마밖에 없었다. 무심한 자식임에도 산후조리에 필요한 짐과 산모에게 좋다는 기장 미역을 준비해서 바로 오셨다. 엄마는 나와 남편에게 "사이 좋게, 건강하게 잘 살면 된다"라고만 하시고 아무 말씀도 하지 않으셨다. 마음이 편안해지자 신기하게 아기는 자세를 바꿔 자연분만할 수 있게 됐다.

출산 예정일보다 일주일 늦어진 토요일. 아침 7시경 소변보러 화장실에 갔다. 평소와 다르게 끈적한 것이 흘러나왔다. 양수가 터진 것 같아 병원에 전화했다. 지금 바로 준비해서 오라고 했다. 일주일 전부터 준비해둔 가방을 다시 확인했다. 진통은 전혀 없고 움직임도 불편하지 않았다. 통증 없이 병원에 가면 안 해도 될 고생을 한다고 들었던 게 생각났다. 엄마도 운동이 출산에 도움이 될 거라 하셔서 아파트 주변을 조금 걷기로 했다.

아파트 화단과 주변에는 꽃들이 피어 있었다. 엄마는 꽃을 좋아하셨다. 내 눈엔 다 비슷해 보이는 구절초나 코스모스도 곱다, 예쁘다 하셨다. 꽃 이야기로 엄마와 시작한 대화가 아이의 예상 이름까지로 이어졌다. 바람이 시원하고, 햇살은 따사로워 마음이 평온해졌다. 꽃을 따라 걷다 보니 아파트 건너에 있는 뒷산까지 가게 되었다. 뒷산에는 밤나무가 여러 그루 있었다. 고개를 숙여 떨어진 밤을 찾아보았다. 빈 밤송이만 보였다.

"여기 밤 있다!" 엄마가 밤이 든 밤송이를 찾으셨다. 양발로 조심스럽게 밟아가며 밤송이를 깠다. 조그만 밤송이에 무려 3개나 들어 있었다. 그리고 보니 여기저기 떨어진 밤이 보였다. 우리는 한 번 삶아 먹을 만큼만 줍기로 했다. 한 개, 한 개 줍다 보니 어느새 양손 가득했다. 만삭이었어도 체중이 5kg밖에 안 늘었기 때문에 몸을 굽

히는 것이 어렵지 않았다. 엄마가 즐겁게 밤을 줍는 모습에 덩달아 신이 났다.

뻐근해진 허리, 고개를 들어 하늘을 봤다. 높고 깨끗했다. 이제껏 본 하늘 중에 가장 예뻤다. 주운 밤을 담을 봉지가 없어서 양쪽 주머니에 담았다. 도토리를 가득 넣은 다람쥐 볼처럼 우리 주머니는 불룩했다. 구름 한 점 없는 파란 가을 하늘. 즐겁게 집으로 돌아왔다. 집에 와보니 병원에서 여러 통의 전화가 와 있었다. 화들짝 놀라 병원에 전화했다.

"지금 어디세요? 양수 터졌다고 전화하셨잖아요. 연락도 없고. 병원에는 안 오시고. 걱정하고 있었잖아요!"

간호사는 다급하고 짜증 섞인 목소리로 빨리 오라고 했다.

남편에게 먼저 전화하고 서둘러 병원에 갔다. 간호사가 얼굴도 보지 않고 환자복을 건넸다. 미안한 마음에 서둘러 환자복으로 갈아입고 분만실로 들어갔다.

"양수가 터진 게 아닌데?"

의사 말에 당황했다. 출산일이 다가오면 이슬이 비친다고 했는데, 그걸 양수가 터진 증상이라고 생각했다. 초보는 초보였다. 출산 준비를 다 해 온 상태. 통증은 없고 집에 다시 가야 할지 고민했다. 병원 진료 기록을 확인한 의사가 촉진제를 맞고 유도분만 하자고 했다. 대기실로 옮겨 촉진제를 맞고서 통증이 시작되었다.

드라마에서 출산 장면을 보면 남편의 머리를 쥐어 잡고 흔드는 것으로 고통을 표현하던데, 그 이상이었다. 평소 허리가 좋지 않던 내게 출산 통증이 허리로 나타났다. 이제껏 살아오며 경험한 그 어떤 고통보다 감당하기 어려웠다. 몸이 뒤틀렸고, 허리가 부러져 죽을 것 같았다. 퇴근 후, 병원에 온 남편은 침대 난간을 쥐어 잡은 내 손을 잡으며 같이 땀을 흘렸다.

"엄마는 너희들 낳을 때 배 아파서 낳았어, 허리는 안 아팠는데. 출산 통증도 친정엄마 닮는다는데 허리가 이렇게 아파서 어쩐다니" 하시며 안타까워하셨다.

분만실로 옮겨졌다. 아이는 여전히 내려오지 않았다. 강호동처럼 체격이 큰 의사와 여전히 못마땅한 표정의 간호사가 번갈아 가며 밀듯이 배를 눌렀다. 정말 욕이 나올 것 같았다.

"그러게, 왜 연락 없이 늦게 오셨어요. 오전에 바로 오셨으면 이렇게 고생 안 하셔도 됐잖아요. 안 해도 될 고생을 하잖아요. 조금만 더 힘써보세요."

"운동하면 애 낳을 때 수월하다고 해서 걷고 왔어요." 허리가 뒤틀리는 고통 속에 늦게 온 것에 대해 변명하는 내가 참 구차했다. 통증을 줄이기 위해서는 뭐라도 해야만 했다. 파랗고 예쁜 하늘이라고 감탄한 지 몇 시간밖에 지나지 않았는데 파란 하늘은 생각도 나지 않았다.

하나 낳는 것도 이렇게 힘든데, 엄마는 어떻게 다섯이나 낳으셨을까.

진통이 계속되는 사이 해가 지고 어둑해졌다. 드디어 저녁 8시 10분, 아기는 2.9kg으로 태어났다.

"건강한 아들입니다. 아기가 똘망똘망해요."

"다행이다, 다행이다. 감사합니다, 감사합니다." 누구에게 하는 감사인지 몰랐지만, 엄마의 혼잣말에 가슴이 먹먹해졌다. 임신인 줄 모르고 소화제와 감기약을 먹은 것이 걱정이었다. 건강하지 않은 아이가 나오면 어떻게 키워야 할지 두려웠다. 간호사가 아기를 옆에 눕혀주었다.
"건강하다, 건강해. 애썼다, 우리 막내딸." 엄마의 말에 안심이 되었다. 작은 아기를 보니 눈물이 났다.

누구나 결혼하면 부모가 된다고 생각했다. 부모로 산다는 게 어떤 건지, 자식을 책임진다는 건 생각도 안 해봤다. 두 아이를 키우며 나는 조금 더 겸손해졌고, 조금 더 성숙해졌으며, 감사함을 배웠다. 예전엔 이해하지 못했던 엄마의 혼잣말 '다행이다, 감사합니다.' 요즘 그 말을 나도 모르게 중얼거리게 된다.
결혼하지 않았더라면, 아이가 없었다면, 무엇보다 따뜻하게 품어주시는 부모님이 안 계셨더라면 지금 나는 어떤 모습으로 살고 있을까. 그 삶을 상상하고 싶지 않다.

나는 아직, 성숙한 어른이라고 말하기엔 부족하다. 하지만 가진 것을 나누고, 진심으로 누군가를 받아들이며 오늘을 살아간다면, 언젠가 내가 꿈꾸는 어른에 가까워질 수 있을 거라 믿는다.
시간이 흘러 더 나이가 들면, 아이들이 좋아하는 따뜻한 옆집 할머니가 되고 싶다. 편안하고 행복한 미소를 건네는 그런 사람으로 늙어가고 싶다.

5. 내 인생의 가을, 열매와 감사의 계절

송기홍

　세상의 사계절은 여름 다음에 가을이 오지만, 인생의 사계절은 그리 단순한 순서로만 흐르지 않았다. 여름은 청춘의 뜨거운 시간만을 말하는 것이 아니다. 지금도 여전히 열정적으로 살아가고 있으니, 지금도 여름의 한복판이기도 하다. 하지만 그 여름을 지나며 얻게 된 열매들과, 겨울과 같은 시련을 견딘 뒤에 찾아온 풍성한 감사의 시간, 아마 그것이 바로 인생의 가을일 것이다. 가을은 어느 날 문득 찾아오지 않았다. 그것은 서서히 다가왔고, 깨닫지 못하는 사이 내 손에 작은 열매를 하나씩 쥐여주었다.

　2년 전, 큰아들이 결혼하던 날이었다. "신랑 입장" 하는 소리와 함께 입장하던 아들을 바라보며 순간 자리를 바꿔 앉아 있는 것 같았고, '아, 내가 신랑이던 그날이 엊그제 같은데…' 하는 생각이 들었다. 이제는 아들이 신랑의 자리에 서고, 나는 신랑 아버지로 앉아 있다. 이제 와서 생각하니 '이게 바로 인생의 가을이구나' 싶다. 결혼하는 아들의 모습은 탐스럽게 영근 하나의 열매를 보는 기쁨이었다.

큰아들은 참 성실하고 따뜻한 아이여서, 부모님이 하는 말이라면 항상 순종하려고 노력했다. 성경에는 '부모님 말씀에 순종하면 복을 받는다'라고 했으니 복 받아 잘 살면 좋겠다. 좋은 아내를 만나 결혼하더니 또 손주를 낳아주었다. 믿음 좋은 아내를 만나 아이를 낳고, 안정된 직장에서 묵묵히 자기 길을 걸어가고 있는 아들을 보면 대견하고 자랑스럽기까지 하다. 그리고 이것이 인생의 가을인가 싶다. 결혼한 아들이 안겨준 손주는 또 다른 기쁨이었다.

둘째 아들은 아빠가 걸어온 길을 따라 목회자의 길을 걷겠다고 신학대학원에 들어갔다. 목회자의 길이 값지고 소중한 길이지만 어렵고 힘든 길이어서 처음엔 반대했었다. 목회자로 사는 것이 평탄하지 않았기 때문이다. 이 글의 겨울 편에서 다루겠지만, 기도하며 걸어온 길도 때로는 어려운 시련의 시간이 있었다. 그래서 반대했었다. 그러면서 신학대학에 가겠다던 아들을 못마땅해하시던 아버지 생각이 났다. 아버지에게 신학대학에 가겠다고 말씀드리고 허락받지 못해 절망스러워했던 기억이 났다. 그러나 이제는 아버지의 마음이 이해된다. 교회도 다니지 않던 아버지로서는 도저히 받아들일 수 없는 일이었을 것이다. 본인이 이해되지 않는 일이기에 반대했던 아버지가 이제는 이해가 된다.

어느 날, 둘째 아이가 "아버지! 목회자가 되기 위해 신학대학원에 진학하겠습니다"라고 했을 때, 처음엔 반대했었다. 그러나 소명이 확고한 것을 확인하고는 허락할 수밖에 없었다. 아버지의 대를 이은 목회자, 분명 아름다운 열매라 생각한다.

셋째인 막내 아이는 아직 20대 중반이고, 사회에 첫발을 디디고 시행착오도 겪고 있지만 책임감 있게 자기 길을 걸어가고 있는 것도 가을의 결실이다. 때로는 힘들다고 말하기도 하고 삶의 무게에 힘들어하는 모습을 보일 때도 있지만, 다시 일어나 묵묵히 살아내는 걸 보면 마음이 짠하면서도 자랑스럽다. 이렇게 장성한 세 아들을 바라보며 나는 풍성한 곡식이 가득한 가을 들판에 선 기분이다.

내 곁에는 늘 아내가 있다. 처음 아내를 만났을 때, 속으로 '아, 이 사람이구나' 하는 설렘이 있었다. 외모에서 풍기는 인상이나 따뜻한 마음과 겸손한 신앙의 모습이 기도하며 바라던 그런 여인이었다. 하지만 그 마음을 고백하기까지는 시간이 필요했다. 혹시 거절당하면 어쩌나 하는 두려움에 무려 6개월을 주변만 맴돌았다. 그러다 결혼했는데 참 잘했다고 생각한다.

목사가 된 후에 또다시 대학원에 진학하여 상담심리학을 전공했다. 그것은 또 하나의 씨앗이었고, 지금의 열매로 이어졌다. 이제는 교회가 아닌 상담실에서도 사람들을 만나고, 절망하고 힘들어하는 사람들에게 희망을 나누는 일도 하고 있다. 상담 현장에서 만났던 사람 중에는 나이가 40이 넘도록 직장도 정하지 못하고 집에서 은둔형으로 있으면서 게임에 중독된 사람도 있었다. 몇 개월 만나고 상담하는 중에 스스로의 가능성을 발견하고 직장을 다니게 되었다. 어떤 내담자는 중학교 3학년 재학 중에 출석 일수 부족으로 졸업을 하지 못한 채, 친구들은 고등학교 2학년에 다녀도 집에서 은둔형으로 있던 아이도 있었다. 조현병을 앓고 있는 엄마와 둘이 살던 그 아이는 보호자의 도움을 받지 못해 일상이 무너진 상태였다. 그 아이를 만나 상담을 하는 동안 스스로 일어나 학교에 복학하고 중학교 고등학교를 졸업한 후에 군 복무도 잘 마쳤다.

우리 주변에는 여러 가지 일로 아파하고 힘들어하는 사람들이 참 많은 것 같다. 학교생활을 힘들어하는 청소년, 꿈을 잃은 청소년들도 있다. 가정 문제, 친구 문제, 경제적인 문제, 신앙 문제 등 그들이 가진 문제들은 다양하다. 길을 잃고 쓰러져 혼자 일어설 수 없을 때 누군가의 도움의 손길이 필요하다. 시동을 걸어주면 멈췄던 기계가 돌아가는 것처럼 손을 한번 잡아주면 제 길을 찾아가는 내담자들도 있다. 상담실에서 만나는 사람들을 이해하려고 노력하고 그들의 문제를 들어준다. 그리고 이미 늦었다고, 그래서 희망이 없다고 말하는 사람들에게는 "괜찮아, 지금은 늦은 것처럼 보여도 다시 시작할 수 있어"라고 말해주면 그 말에 진심이 담겨 있음을 알고 그들의 눈동자에 희망의 빛이 피어나는 것을 볼 수 있다. 상담실은 생명과 희망을 주는 곳이다.

교회는 '예수님 믿으면 천국에 간다'라고 가르친다. 그러나 천국은 죽어서 가는 곳만이 아니라 지금, 여기서도 천국 같은 삶을 살 수 있어야 한다. 그것을 위해 오늘도 누군가의 곁에 다가가고, 따뜻한 손을 내밀고 있다. 이 가을에 그동안 받은 사랑을 나누고 싶다. 이제는 누군가에게 바람막이가 되어줄 수 있는 그런 따뜻한 가을이 되고 싶다.

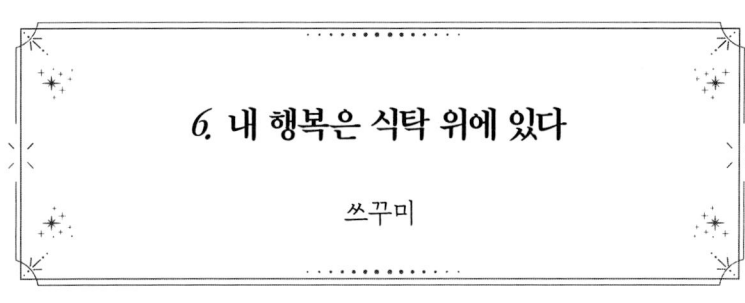

"오늘 저녁 식사는 애들 함께 먹나요?"

눈을 뜬다. 햇살 가득한 아침이다. 향긋한 커피와 함께 잠시 오늘 일정을 확인한다. 아내가 커피 향기에 깨서 나에게 잘 잤냐며 인사한다. 아내와 이야기하는 소리에 아들과 딸도 일어나 거실에 모인다. 좋은 하루 보내라며 기분 좋게 시작한다. 몸에 좋은 당근, 양배추, 브로콜리와 맛이 좋은 사과와 고구마로 아침 식사한다. 식사 시간 내내 웃음과 대화가 끊이지 않는다. 달리기와 스트레칭을 하고 회사에 출근한다. 내가 하고 있는 일에서 의미를 발견하고, 그 의미가 많은 사람들에게 가치를 전한다. 퇴근 후 집에 돌아오면, 아내와 아이들이 나를 반긴다. 저녁을 먹으며 하루 있었던 일을 공유한다. 책을 읽고, 글을 쓴다. 경험을 쓴 책이 베스트셀러다. 덕분에 나를 아는 사람들에게 더 많이 도움을 줄 수 있다. 잠자기 전, 다이어리를 행복하고 감사한 기록으로 채운다.

내가 그리고 있는 행복한 일상은 단순하다. 하고 싶은 일을 하고, 함께하고 싶은 사람들과 하루를 채우는 것. 그런 일상이 계속되기를. 이 만족감이 영원하기를 꿈꾼다.

초등학교 4학년 때, 6시에 혼자 조용히 일어났다. 기지개와 함께 부엌으로 향했다. 어머니가 누나들 몰래 내가 좋아하는 음식을 주셨다. 누나만 여섯, 막내로 태어나 맛있는 반찬은 늘 부족했다. 겨울에 귤 한 박스 뜯으면 앉은 자리에서 귤껍질과 빈 종이 상자만 남았다. 새벽 시간은 티 나지 않게 챙겨주는 어머니와 나만의 비밀 시간이다. 그 시간에 좋아하는 햄 반찬을 어머니께 떼쓰면, 다음 날 도시락 반찬으로 나왔다. 간 본다는 핑계로 어머니가 반찬을 만들 때 옆에 서서 밥그릇을 들고 아침을 먹었다. 부엌 밖에서는 잘 보이지 않는 싱크대 옆 구석에서 허겁지겁 먹었던 밥이 맛있어 지금도 가끔 생각난다. 밥 먹으면서 어머니와 이런저런 이야기하는 것도 좋았다. 학교와 학원에서 있었던 일, 오늘 학교에서 해야 하는 일. 일상을 나누는 시간을 누렸다.

식구들이 많아 집안일은 해도 해도 끝이 없다. 초등학교 5학년이 될 때까지 우리 집에 세탁기 없었다. 온 가족 빨래는 집 마당 수돗가에서 했다. 학교를 다녀오면 어머니는 늘 빨래판에 옷을 치대고 있었다. 새벽 6시, 어머니와 여유롭게 이야기 나눌 수 있는 유일한 시간이었다. 나에게 새벽 시간은 따뜻함이다.

2019년 4월 15일은 어머니 기일이다. 어머니는 늘 변함없이 내 곁에 계실 줄 알았다. 죽음 덕분에 일상을 바라보는 시선이 달라졌다.

끝이라고 생각했지만, 그 뒤에는 언제나 새로운 시작이 있었다. 돌아가신 뒤 그리워, 어머니를 기억하기 위해 책을 만들었다. 만든 책을 사람들에게 선물했다. 책을 선물 받은 가족, 친척, 친구 모두가 좋아했다. 그리운 날엔 책을 펼쳤다. 슬픔과 후회의 감정에서 추억에 대한 감사로 바뀐다. 어머니는 내 기억 속에 나와 시간을 보내고 계신다.

내가 사랑하는 사람들과 더 많은 추억 만들고 싶다. 2008년 5월 4일에 결혼했고, 아내를 닮은 아이를 만나고 싶었다. 부모님이 나를 마흔이 넘어 낳으셨으니, 나는 성인이 되기까지 부모님이 고생하시는 모습을 보며 컸다. 나는 일찍 아이를 낳고 싶었다. 29살, 첫아이 우찬(아들)이를 만났다. 아이를 키우면서 어떤 아버지가 되면 좋을지 상상했다. 내 기억 속, 아버지와 함께한 시간은 적지만 강렬했다. 숭미초등학교에서 축구공을 가지고 발로 차며 뛰어다녔다. 농구공으로 링을 향해 슛을 던졌다. 아버지 이겨보겠다고, 두 팔로 팔씨름하기도 했다. 아이와 더 많은 시간과 더 강렬한 추억을 선물하고 싶었다.

2009년, 우찬(아들)이와 만났다. 아이가 엄마의 배 속에 있을 때까지 아버지라는 단어는 내 머릿속에 흐릿했다. 나와 직접적으로 관계가 없는 글자였다고 여겼다. 산통이 시작되어 대기실에서 아내와 라마즈 호흡하며, 분만실로 들어가기를 기다렸다. 아내 끙끙 앓는 소리를 들으며 난 호흡법에 따라 숫자를 셌고, 아내는 박자를 맞추어 호흡했다. 불안했다. 주변에 간호사도 의사도 없었다. 맞게 호흡하고 있는지, 올바른 방향으로 가고 있는지 속으로 계속 되물었다. 주말마다 아내와 해봤던 라마즈 호흡법. 충분히 연습했고 자신 있었다. 막상 아내의 고통스러운 모습을 보자, 기억이 나질 않아 한심하다고 자책했다. 평소 좋은 말만 해주는 아내가 계속 1단계 호흡이냐고 날카롭게 따졌다. 아내가 고통을 참기 위해 힘을 주면, 오른손 손등에 수액이 들어가는 연결관에 빨간 피가 올라왔다. 고통이 조금 줄어들면 다시 흰 수액으로 바뀌었다. 수없이 반복했다. 기다리던 안내가 들려왔다. 불안한 마음과 달리 무표정의 간호사가 들어와 분만실로 옮기겠다고 했다. 나는 분만실 복도를 왔다 갔다 하며 핸드폰 시간만 쳐다보았다. 복도 끝을 갔다 와도 시간은 바뀌지 않았다. 시간이 멈춘 것 같아 핸드폰 시계 화면에서 눈길이 계속 멈추었다. 확인해도 계속 같은 시간만 보였다. 내 핸드폰 시간이 잘못된 것 같았다. 시간이 그렇게 늦게 흐르는 경험이 낯설었다. 조바심이 한계에 이르렀을 때, 간호사가 분만실로 오라고 했다.

수술복을 입고 수술 장갑 끼고 분만실로 들어갔다. 초록색 옷과 마스크를 쓰고 있는 의사 선생님이 겸자 두 개로 탯줄에 3㎝ 정도 만든 공간을 가리켰다. 환한 빛이 탯줄을 무대 위 주인공처럼 비추고 있었다. 가리키는 곳을 자르면 된다고 했다. 간호사가 건네주는 가위를 받았다. 가위와 손이 흔들렸다. 가위가 탯줄에 닿고 떨림은 멈추었다. 가위로부터 올라온 느낌은 부드럽지만 쉽게 잘리지 않는 느낌이었다. 엄지와 중지에 더 힘을 주면서 탯줄을 잘랐다. 가슴 속이 간질거렸다. 묘한 느낌, 이제부터 내가 이 작은 생명을 책임져야 한다는 것. 그렇게 아빠가 되었다.

날 닮았고, 팅팅 붓고, 한 팔에 들어가는 우찬이가 울기 시작했다. 아들을 안았다. 처음 안아봐서, 소중해서, 실수라도 하면 어쩌나 간호사를 불렀다. 우찬이는 엄마에게 안겼다. 이 놀라운 경험을 2014년, 채민(딸)이를 낳을 때 한 번 더 경험했다.

3년 전만 해도 감사는커녕 불평 불만을 입에 달고 살았다. 돈이 전부라 믿었다. 300억 부자가 되고 싶다는 말을 블로그에 써두기도 했다. 무엇인가를 갖지 못했다고 생각한 나는 불행했고, 미래의 내 인생도 실패할 것 같았다. 다른 사람들에게 있어 보이려고 애썼다.

그러다 책을 읽고 공부하면서 생각이 달라지기 시작했다. 행복이란 꼭 무언가를 이루고 성취해야만 얻을 수 있는 것이 아니었다. 내가 가진, 소소하지만 평범한 일상에 감사하는 마음. 삶은 전혀 다른 모습으로 다가왔다.

그제야 발견했다. 중요한 것은 '무엇을 가졌느냐'가 아니었다. '어떤 마음으로 살아가느냐'라는 것. 그 순간부터, 나는 조금씩 진짜 행복을 배우기 시작했다.

요즘 가장 행복할 때는 저녁에 아이들과 식사 시간이다. 정성이 담긴 음식을 먹으며 아내와 아이들과 이야기하는 추억이 소중하다. 내가 사랑하는 사람들과 같이 밥을 먹으며 감정을 나누는 것만으로도 행복할 수 있다는 사실을 찾았고, 누렸다. 큰 행복을 느끼면 더 크게, 더 길게 행복할 것 같았다. 회사에 취업하고 나서, 취업하기 전까지 20년이 넘는 동안 공부한 노력을 인정받는 것 같아 기뻤다. 이 기쁨은 채 한 달을 넘지 않았다. 회사 업무는 낯설고 배워야 할 것도 많았다. 좋아하는 일이 부담으로 바뀌기도 하였다.

글 읽고 생각하고 쓴다. 단순한 습관이 일상을 조금씩 바꿔놓았다. 하루를 기록하다 보면 마음의 흐름이 자연스럽게 드러난다. 큰 기쁨도 좋지만, 작고 확실한 즐거움을 자주 느끼는 일이 더 중요하다. 따뜻한 햇살, 좋아하는 음악을 듣는 것처럼 소소한 일들이 하루를 환하게 밝힌다.

'하루를 누린다'란 말이 잘 어울리는 저녁 식사 시간. 오늘도 가족 덕분에 마음이 편안하다. 행복한 기분으로 하루를 마무리한다.

7. 뒤바뀐 계절, 겨울 속 여름

오드리진

떠나는 우리 님 편히 가소서 보내는 이 맘은 터질 듯하오 어야디야 어여쁜 우리 님 가시는 먼먼 길에 흰 국화 만발해 어야디야 이제 가면 언제 오나 방 긋 웃는 그 얼굴은 영 떠나버리누나

- 산울림, '떠나는 우리 님'

겨울은 사랑하는 이의 코트 주머니에 손을 넣고, 눈 오는 날 어두운 골목길을 함께 걷는, 따뜻한 방에서 유리창 너머 만화 같은 풍경을 함께 바라보며 사랑을 속삭이고 추억을 쌓는 계절인 줄 알았는데…

내 인생의 겨울은 가을을 생략한 채, 마른하늘 청천벽력처럼 매섭게 찾아왔다. 서른 중반, 젊은 날 배우자의 갑작스러운 부재는 내 모든 시간을 멈추게 만들어버렸다. 꽁꽁 얼어버린 얼음처럼, 아무것도 들리지 않았고 어떤 것도 보이지 않았으며 심장이 얼어버린 것처

럼 생각도 멈추어버렸다.

그해 2개월을 기억할 수가 없다. 단기 기억상실증. 그 이후부터인가, 가끔 기억하지 못하는 일들이 생기곤 한다. 인생의 큰 혼란을 겪어야 하는 순간, 나는 혼자의 몸이 아니었다. 내 안에는 6개월을 자란 아기가 있었다. 아기를 낳기 위해 얼어버린 나의 모든 것을 살려내야 했다. 나는 숨을 쉬고 있었고, 아무런 대책 없이 아기는 세상에 태어났다. 가족 이외의 많은 사람과 연락을 끊었다. 오로지 내 옆을 지켜준 사람은 여섯 살 많은 친언니였다. 나의 겨울은 그렇게 시작되었다.

끈질기게 고집하던 서울 생활을 접어야 했다. 친정엄마가 있는 지방으로 내려왔다. 서울 전세를 정리하고 나니 지방에 24평 아파트를 살 수 있었다. 매일 아기가 먹고 써야 할 분유와 기저귓값을 벌어야 했다. 갓난아기를 데리고 내가 할 수 있는 일은 많지 않았다. 철부지였던 나는 사회에서 원하는 경력이나 자격증을 전혀 지니지 않았다. 올케의 권유로 서른다섯의 나이에 보험 영업을 시작했다. 영업은 나에게 어떤 자격도 요구하지 않았다. 모든 인연을 접었던 내가 영업을 한다는 것은 어려운 일이었다. 그러나 선택의 여지는 없었다.

기적은 내가 눈치채지 못하는 사이 천천히 찾아왔다. 대한민국 사람이라면 누구나 아는 S 기업 공장 안에 상주하면서 일할 기회가 주어진 것이다. 그건 기적이었다. 아무런 사회적 배경 없이 그곳에 들어간 사람은 내가 유일했다. 영업하며 힘든 일도 많았지만, 거기에 따른 대가는 모두 통장으로 들어왔다. 부유하지는 않았지만, 아이를 먹이고 입히는 기본적 삶에 어려움이 없을 만큼의 수입이 생겼다. 그 겨울에 나는 세상에 없었다. 얼어붙은 땅속에 나를 모두 묻어버린 것처럼 눈물도 마른 듯 나오지 않았다. 하고 싶은 것은 모두 아이를 향하고 있었다. 아이는 밝았다. 감사하게도 늘 밝았다. 어린 시절 나를 닮았는지 개구쟁이였다. 성당에서도 학교에서도 빛이 날 만큼 아이는 모든 면에서 두각을 보였다.

그러던 어느 날, 그때가 사춘기였을까. 중학교 3학년 초여름, 아이의 가방에서 담배를 발견했다. 나는 절망에 빠졌고, 의논할 곳도 없었다. 세상이 다시 무너지는 것을 느낀 나는 미친 사람처럼 아들을 몰아붙였다. 주변 사람들의 말과 조언은 어떤 도움도 위로도 되지 않았다. 오히려 내 마음에는 적대심만 생겨났던 것 같다. 지금 생각해보면 사실 대단한 일도 아니었는데….

아이는 더 튕겨져 나갔고 아들과 나 사이에 심한 갈등이 시작되었다. 나는 매일 우는 것이 일상이 되었다. 텅 빈 성당에 앉아 '왜?'라는 질문을 수없이 했다. 태어나서 처음으로 죽음을 생각했다. 살아야 할 이유를 찾을 수가 없었다. 나는 세상에 존재하지 않는 것처럼 살았는데, 살아 있는 유일한 이유는 오로지 아들 녀석 하나인데, 아이와 이렇게 사는 것이 너무나 고통스러웠고, 살아야 할 이유를 찾을 수가 없었다. 차라리 내가 없다면 아이는 조금 달라질 수 있을까, 철이 들까. 정말 고심이 깊었다.

그때부터 상담실을 찾아다녔다. 마음공부도 했다. 그리고 알게 되었다. 아이는 아무 문제가 없다는 것을. 내가 죽고 싶을 때 죽을 수 없었던 것은 오직 아들 때문이었다. 아직은 너무 어린 아들이 세상에 혼자 던져진다는 것은 생각만으로도 오열을 참기 힘든 고통이었다. 아이가 나를 매일 살게 한 것이다.

아들이 고등학교 1학년 때, 함께 미사를 마치고 나오며 내가 문득 영혼 없이 물었다. "우리 여행 갈까?" 농담처럼.
아들이 대답했다. "그래, 목포에 가자." 나는 놀랐지만 내색하지 않았다. 아무런 준비 없이 아들과 나다운 여행을 시작했다. 밤 11시가 넘어서 목포에 도착했고, 처음으로 아들과 소주를 마셨다. 우리는 거의 말이 없었다. 숙소를 정하지 않았기에 찜질방에서 밤을 보냈다. 해남 땅끝마을에 가서 아침밥을 먹자는 아들 뜻에 따라, 새벽부터 또 달려서 오전 11시에 땅끝마을 편의점 컵라면으로 해장을 했다. 컵라면을 먹고 아들은 해남 대흥사를 혼자 돌아다녔다. 나는 차에 앉아 아들을 기다렸다. 돌아온 아들은 벌교에 가자고 했다. 오후 2시 넘어서 벌교에 도착. 그곳에서 꼬막 비빔밥을 먹은 후 아들은 다시 경북 안동에 가자고 한다. 저녁에 안동 도착. 시장터에 수많은 찜닭집 중 한 곳을 골라 저녁을 먹었다. 오랜 시간 묵언 수행 운전으로 나는 많이 지쳐 있었다. 쉬고 싶었다. 그러나 아들은 말했다. "엄마, 서울 가면 안 돼?" 나는 "괜찮아" 대답하고 다시 운전대를 서울로 돌렸다. 처음으로 옆자리에 있던 아들이 말했다. "엄마, 나도 아빠가 없다는 현실이 싫고 힘들었어." "엄마, 그때 왜 그랬어?" 나는 알았다. 내가 얼마나 모자란 엄마인가를. 미안해, 정말 미안해. 사과할게. 엄마가 무식해서 그랬어. 엄마가 정말 무지해서….

우리는 긴 이야기를 시작했고, 새벽이 되어서야 서울에 도착했다. 2박 3일의 여행은 우리를 변하게 했다. 물론 짧은 시간에 모든 갈등과 다툼이 사라지진 않았지만, 우리는 조금씩 조금씩 성장해가고 있는 것 같았다. 내가 없던 나의 겨울 아이가 혼자서 얼마나 힘들었을까를 뒤늦게 깨달은 것이다.

겨울은 따뜻해야 하는데, 나의 겨울은 꽁꽁 얼어붙어 있었다. 결코 봄을 기대할 수 없을 만큼 길고 힘든 계절이었다. 나는 그 겨울을 지나면서 사람들이 흔히 말하는 '철'이라는 것이 조금은 들지 않았나 하는 생각을 해본다. 늘 바뀌지 못하는 내 안에 어린 나도 아직 있겠지만.

겨울은 차고 아름답게 나에게 다가온다. 서로의 온기를 느끼기 위해 더 가까워질 수 있는 계절이다.

신이 주는 계절은 친절하다. 계절을 준비할 수 있게 한다. 월동 준비를 하고 봄옷을 꺼내 준비하게 한다. 그러나 내 인생의 계절은 아무 예고 없이 갑자기 찾아와 나를 집어삼켰다. 나는 눈을 뜨지 못한 채 혼자만의 힘든 전쟁을 치른다. 그래서 기도한다. 제발, 제발, 저는 쫄보입니다. 그러는 사이에 내 인생의 계절은 또 다른 색으로 바뀐다.

누군가 지금 겨울을 지내고 있다면, 그 누군가에게 이야기하고 싶다. 인생의 계절은 예측할 수 없지만 견디어보자고. 시간이 흐르면 나도 모르는 사이 바뀌어 있다고. 내가 살아보지 않은 삶에 대해 쉽게 단정 짓지 말자고. 소리 내어 울면서라도 기다려보라고. '메

멘토 모리' 겨울에 꼭 기억할 필요는 없다. 고운 봄에 생각하면 더 좋지 않을까. 힘들고 어려운 시간보다는 아름답고 행복한 시간에 세상과의 안녕을 고할 수 있기를….

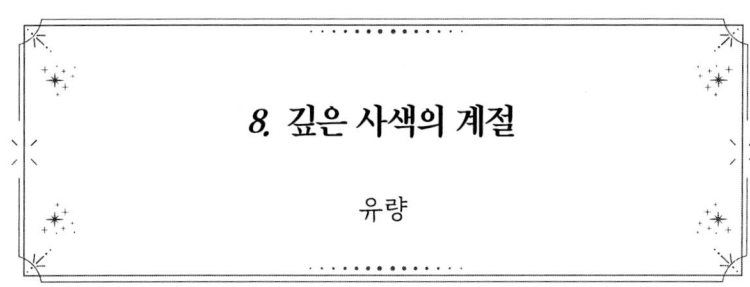

8. 깊은 사색의 계절

유 량

똑같은 사람은 없다. 똑같은 하루도 없고, 똑같은 계절도 없다. 유유상종이라고 친구, 연인, 가족 끼리끼리 비슷해 보이긴 하지만, 사람은 100인 100색 똑같지 않다. 다 다르다. 어제가 오늘 같고, 내일도 오늘이랑 별반 다를 게 없을 것 같지만, 똑같은 하루는 단 하루도 없다. 뭐가 달라도 다르다.

계절도 그렇다. 절기상으로는 봄인데 여름 날씨 같고, 아직 겨울인데 늦봄 같고, 초여름같이 덥기도 한 날들이 있다. 날씨는 아직 완벽한 예측이 어렵고, 그래서 일기예보는 퍼센트로 전해진다. 그리고 우리는 그 예보에 기대어 준비하거나 요행을 바라다가 흠뻑 젖은 채로 하루를 마감하기도 한다.

나쁠 건 없다. 오래전 건전가요의 가사처럼 '뚜렷한 사계절이 있기에 볼수록 정이 드는 산과 들'이 더는 우리나라 계절에 해당하지

'못하다' 하더라도(내가 여기서 '못하다'라고 말하는 이유는 이건 전적으로 지구의 잘못이 아님에, 일말의 살아 있는 양심으로 반성이라도 하고자), 이젠 흐릿해진 사계절이라 하더라도. 그런 계절의 몸부림이 개인적으로 나쁠 건 없다는 뜻이다. 무조건 나쁘기만 한 건 아니라는 얘기다. 아직 살아 있다는 증거이고, 아직 기회가 있다는 증거니까.

내가 해탈해서가 아니다. 군자여서도 아니다. 오히려 보통 사람들보다 조금 더 예민하고 그보다 조금 더 까다로웠다. 그래서 내가 지독히 애를 써도 안 되는 일들이 닥칠 때면, 그건 좋은 일이 아니라며 원망하고, 좌절하고, 포기하고, 차단했다. 일종의 나쁜 독재였고, 치사한 회피였다. 그러다 보니 나를 포함해 가장 가까운 사람들을 늘 힘들게 했다.

한창 젊을 때, 그러니까 30대에 접어들면서부터 하나뿐인 인생을 전투적으로 살아야 한다고 생각했다. 열정을 가지고 살아야 한다고. 쏟아져 나오는 자기 계발서를 열심히 읽어댈 때였다. 매일 음주와 가무로 사는 남편과 철모르는 아이들을 달달 볶아가며 살았다. 생각 없이 살지 말고 애국하는 마음으로 주먹 불끈 쥐며 살아야 한다고. 사춘기 아이들과 평생 사춘기를 사는 남편에게 뜨겁고 성실하고 부지런히 살아야 한다고 끊임없이 강요했다. 정말 서로를 이해 못 하고 진땀 나게 불쾌지수만 높은 시절을 지냈다. 좋은 게 아니면 나쁘다는 이분법만 있던 시절이었다.

봄은 봄다워야 하고 여름은 여름다워야 한다고 고집을 부렸다. 내가 이만큼 애썼으니 그만큼 돌아오는 게 있어야 한다고. 여름에 진땀을 흘리며 가꿨으니 가을에 이만큼 수확을 내놔야 한다고. 그게 당연한 거라고 우겼다. 그러니 더 덥고 더 힘들었다. 더 춥고 더 외로웠다. 따뜻한 봄은 짧기만 했고, 선선한 가을은 느낄 새도 없이 추운 겨울을 맞이해야 했다. 오히려 계절이 성실했다. 그 시절엔 분명 뚜렷한 사계절이었다. 변한 건 계절이 아니라 사람들이었고 나였는지 모른다. 계절은 변하지 않으려고, 나빠지지 않으려고 몸부림을 치고 있는 건지도 모르겠다.

매일 미사를 드렸다. 법륜스님의 즉문즉설을 듣고 또 들었다. 심리학자들 강의를 찾아 들었다. 명상록을 읽고, 도덕경을 줄을 쳐가면서 읽었다. 그렇게 시간이 흘러 둘째가 18살이 되니, 이상하게 안심이 되었다. 정말 다 컸구나, 아이들이 나 없어도 살 수 있는 나이가 되었구나. 그 생각이 조급한 내 마음을 조금은 내려놓게 해주었다. 뒤로 한 발짝 물러나는 게 가능해졌다. 안달복달하지 않고 천천히 움직이게 되었다. 관심을 가장한 간섭을 서서히 내려놓을 수 있었다. 관계가 새로 맺어지기 시작했다. 결국은 아플 만큼 아프고 필요한 시간이 지나고 나니까 정신이 들었다.

비 온다는 예보에 우산을 챙기는 건 내 몫이고, 비가 오고 안 오고는 내 소관이 아니다. 내가 할 수 있는 일이 아니다. 그리고 내 뜻대로 된다고 해서 그게 반드시 좋은 일도 아니다. 굳이 나의 에너지를 그런 문제에 쓰지 않는 것이 현명한 일임을 오랜 시행착오를 통해 깨닫게 되었다. 너무 일찍 돌아가셔서 더 함께 겪을 것도 없는 부모님과의 관계가 그랬다. 한 배에서 태어나 같은 환경에서 자랐지만, 생각이 확연히 다른 형제들과의 갈등이 그랬다. 잘살아보려고 처절하게 싸운 결혼 생활이 그랬다. 아이들의 성장 과정이 그랬고 진학이, 진로가 그랬다.

그렇게 생각하니 이제는 좋아하고 싫어하는 계절이 딱히 없고, 그저 봄에는 봄을 살고 여름에는 여름을 살면 된다는 생각이 들었다. 유난스러울 것도 없고, 그렇다고 기죽을 필요도 없다. 매번 다른 계절의 변화에 수긍하게 되니 사람들과의 관계가 자연스럽게 정리가 되었다. 억지로 되는 건 없다. 내가 좋다고 내 주위 사람들 모두에게 좋은 것도 아니고, 내가 싫다고 다른 사람들에게도 싫은 것 또한 아니다.

그런 의미에서 가을은 더욱 그런 계절 같다. 불가근불가원(不可近不可遠)의 계절. 가깝지도 않고 멀지도 않은 적당한 거리, 적당한 계절. 너무 더워 멀리 떨어져야 하는 여름도 아니고, 너무 추워 딱 붙어 지내야 하는 겨울도 아닌 계절. 지금 나는 그 계절 앞에 서 있다.

깊은 사색의 계절. 가을을 사색하기 좋은 계절, 독서의 계절이라고 하는 과학적인 이유가 있다. 일명 '행복 호르몬'으로 불리는 세로토닌 때문이다. 이 세로토닌은 기분 조절에 중요한 작용을 한다. 우리 몸은 햇빛을 통해 세로토닌을 합성하기 때문에 일조량이 감소하는 가을철에는 세로토닌 분비도 줄어든다. 그런 이유로 가을에 활력이 떨어지는 대신 차분해져서 사색하고 독서하기 좋은 계절이 되는 것이다.

50살이 되었을 때, '정말 좋은 나이구나'라는 생각을 했다. 무언가를 이룬 것도 아니고, 재산이 축적된 것도 아닌데, 이상하게 나이가 주는 안정감이 있었다. 전보다 활력은 떨어지고 걸음은 느려졌지만, 그 대신 조급해하던 마음을 많이 내려놓고 차분해진 내가 되어 있었다. 내가 나이 먹은 만큼 아이들이 성장했기 때문이 아닐까 생각한다. 누군가의 말처럼 이제는 지갑만 열면 되는 나이가 된 것이다. 그리고 잘 키웠든 못 키웠든 간에, 아이들에게 쏟았던 나름의 지극정성을 오롯이 나 자신에게 쏟을 수 있게 되었다는 것도 이 나이가 주는 덤이 아닐까 생각한다.

새로운 직업을 구했다. 새로운 일을 시작했다. 새로운 사람들을 만나 함께 배우고 함께 일하게 되었다. 남들은 정년을 준비할 나이에 나는 새로운 일을 시작하게 되었다. 남들은 가을걷이할 나이에 나는 씨를 뿌리기 시작했다. 잘할 수 있을까 걱정도 되지만, 일단 하고 본다. '그냥 하는 거다'라는 생각으로 일하고 있다. 뭐든 사계절은 지나봐야 안다고 하니, 1년은 일해봐야 내가 할 수 있는 일인지 계속해도 되는지 알 수 있다는 마음으로 사계절을 지나고 있다. 시간 참 빠르다. 50대에 접어선 지 3년이 지나갔고, 올해도 반 이상이 지나갔다. 정말 계절은 성실하다.

내게 덤 같은 계절. 서두르지 않겠다. 능력 밖의 일에 욕망을 품지 않고, 타인의 시선과 평가에 나를 옭아매지 않겠다. 지금 이 글을 쓰는 순간은 연일 불볕더위가 기승을 부리는 여름이지만, 나는 빛깔 좋게 물들어가는 메타세쿼이아 길을 천천히 사색하며 걷는 마음으로 매일을 살아갈 것이다.

9. 내게 찾아온 '암'이라는 친구, 선택지가 나여서 감사했다

해돋이

혼히 사람들은 말한다. 열심히 산 죄밖에 없는데 왜 하필 내가 암이냐고.

억울하고 화난다고 한다. 40대 중반 어느 해 5월 방과 후 활동 교사로 일하고 있었다. 암이 내게도 찾아왔다. 갑자기 식은땀이 나고 앞이 보이지 않았다. 책임감이 강했던 성격 탓으로 중도에 일을 관두고 퇴근하는 일이 없었다. 이날은 달랐다. 먼저 퇴근을 하겠다고 말하고 병원에 갔다.

방문한 병원에서 당장 큰 병원으로 가란다. 일반 접수처가 아닌 응급실로 가라고 한다. 좀 더 검사를 해봐야겠지만 암일 가능성이 크다고 한다. "꼭 응급실로 가세요"라는 말을 듣고 병원을 나왔다.

모 종합병원으로 직접 찾아가지 않고 전화를 했다. 전문의 두 분이 계시는데 한 분은 바로 예약 가능하고, 다른 분은 내일 가능하다고 한다. 내일 가능하다는 전문의로 예약을 했다.

처음에 방문한 병원에서 당장 큰 병원 응급실로 가라는 말을 듣지 않고, 다음 날로 예약을 한 것이다. 이상하게도 암일 것이란 말이 무섭게 들리지 않았다. 실감이 나지 않아서 그런 것도 아니다. 암일지도 모른다는 의사 선생님의 말씀에 오히려 감사했다. 나에게는 이유가 있었기 때문이다.

첫째는 10살부터 짚고 다녔던 지팡이를 더는 짚지 않고 쉴 수 있겠구나 하는 생각이었다. 장애를 가지고 살아서 불편은 했지만, 그렇다고 부정적인 마음을 가지고 있지는 않았다. 하지만 지팡이 생활은 항상 긴장하는 삶의 연속이다. 언제나 장애물이 곳곳에 넘쳐난다. 조금만 방심하여도 넘어지고 미끄러져야 했다. 방어조차 할 수 없는 상태에서 맥없이 철퍼덕 하고 넘어지면 얼마나 아팠던지 기억이 생생하다.

잘못 넘어져 뇌진탕도 걸리고, 무릎은 항상 멍투성이였다. 그런 생활에서 벗어날 수 있겠다는 생각을 순간 했다. 평생을 붙어 다녔던 지팡이와의 이별은 나에게는 죽음뿐이었다.

둘째는 우리 가족 누군가가 암이란 선택지를 받아야 한다면 그것이 나인 것이 감사했다. 선택지가 나였기에 그날 아무런 마음의 동요도 없었다. 슬프지도 않았다.

만약 가족 중 누군가가 암이라는 소식이 나에게 전해져 왔다면, 그날 평소와 같은 평온한 하루를 보내지 못했을 것이다. 내 생명을 위협하는 말보다 가족이라는 울타리가 조각나는 것에 대한 두려움이 더 컸다. 가족 누구와도 헤어질 마음의 준비가 전혀 되어 있지 않았다. 가는 사람보다 남아 있는 이의 슬픔이 더 크다고 했던가? 남아서 슬퍼할 용기가 없었다. 차라리 내가 선택지를 받은 것에 오히려 감사할 수 있었다. 어쩜 이런 내 생각은 이기적일지 모른다. 가족과 헤어짐에 대한 두려움을 피하려고 나만 생각했기에, 내게 온 암이라는 선택지를 기쁘게 받을 수 있었다.

며칠 후 예약한 병원에서는 확실히 암이라는 판정을 받고 말았다. 의사 선생님은 지금 당장 수술해야 한다고 말씀하셨다. 아주 위급한 상황이라고 했다. 검사 결과 악성이라고 말씀하셨다. 하지만 무섭지 않았던 의사 선생님께 시간을 달라고 했다. 맡고 있던 학교의 학년 수업을 마치고 싶었다. 어쩜 마지막이 될지도 모르는 삶을 깨끗하게 정리하고 싶었다.

의사 선생님은 허락하지 않았다. 한 학기만이라도 끝낼 수 있게 해달라고 부탁드렸다. 죽더라도 사과나무는 심어야지 않겠냐고 했더니 의사 선생님이 쳐다보셨다. 간절한 마음을 읽으셨는지 달력을 보시고는 삼 일의 시간을 주셨다. 그리고 한 말씀 덧붙였다. "더는 안 됩니다"라고 하셨다. 수술 당일 오전까지 마무리를 해주고 오후에 입원하여 수술받을 준비를 했다.

암 치료 과정은 정말 힘들었다. 나는 의사 선생님 말씀대로 악성 중에서도 악성이었다. 일반 항암을 받고, 표적 항암을 또 1년 더 해야 했다. 일반 항암 8회의 치료에서 두 번째 항암을 한 날 저녁에 머리카락이 빠지기 시작했다. 긴 머리카락은 뭉텅이로 빠졌다. 마치 드라마에서 본 상황이 그대로 나에게 일어나고 있었다. 미용실에 가서 나머지 머리카락을 비구니 스님처럼 깎아버렸다. 거울 앞에는 낯선 얼굴이 보였다. 그때까지 한 번도 보지 못했던 나의 얼굴이 있었다. 나인 것 같지 않았다.

항암 치료 약물은 붉은색으로 링거 줄을 타고 내려와 몸속에 투입이 된다. 항암 치료를 한 번씩 더해갈 때마다 새로운 부작용들이 나타났다. 세 번째 항암을 시작하자 붉은색에 대한 거부반응이 일어났다. 붉은색만 보면 고통의 불안감으로 심장에서 요동을 치기 시작했다. 숨이 막히는 것 같고 눈이 돌아갔다. 참을 수 없는 정신적 고통에 항암을 포기하고 싶었다. 병원에서 급기야 수면제를 투여한 후에 항암 치료를 하기로 결정했다. 원래 이렇게 치료하면 환자 상태를 알 수 없어 위험해서 안 된다고 한다.

항암 치료 과정으로 인한 거부반응에서 오는 정신적 고통과 육체적 고통이 심했지만, 내가 겪는 것이 오히려 마음은 편했다. 가족이 아닌 것에 감사했다. 통증으로 고통이 심해도 마음은 편안하게 그 고통을 편안히 견딜 수 있었다.

항암을 하는 과정마다 구토로 힘겨운 나날이었지만 마음은 편안해하고 있었다. 평소 힘들다고 표현하지 않고 참는 것에 익숙했기에 감당할 수 있다고 생각했다. 치료 도중 갑자기 면역 세포가 제로가 되어 의식 불명이 된 적도 있었다. 일인실 병실로 옮겨 아무도 접근이 되지 않았다. 일주일을 일인실에서 혼자 죽음과 싸움을 했다고 한다. 모든 치료 도구는 개별 소독되어 들어왔고 무장한 수간호사만이 허락이 되어 병실에 들어와서 나를 살펴주었다.

평소 긍정적이었던 성격이라 치료가 잘 맞았다. 의사 선생님이 놀라셨다. 항암 치료 효과가 빠르다고 하셨다. 모든 항암 치료가 끝날 때까지 가족에게 내가 암에 걸린 사실을 말하지 않았다. 죽음 직전이 되기 전에는 말하지 않아야 한다고 생각했다. 괜한 걱정하게 할 필요 없다고 생각했다. 그냥 내가 감당할 몫이라고 생각했다. 나로 인한 걱정을 만들어주고 싶지 않았다.

그렇게 나는 3년 동안 모든 과정을 마치고 다행히 조금씩 회복하기 시작했다.

지금은 완치가 되어 다시 일하고 있다. 여행도 다니고 있다. 예전보다 건강에 좀 더 신경 쓰게 되었고 삶에 대한 소중함도 느끼며 다시 한번 생명을 주신 그분께 감사드린다.

비록 지팡이 생활을 또 시작해야 하지만 살아 있다는 것이 얼마나 귀한 것인지 안다. 빠졌던 머리카락도 지금은 긴 머리가 되었다. 사람들은 내가 암에 걸린 사실조차 모를 정도로 건강하고 행복한 날을 보내고 있다. 이렇게 선물로 주신 두 번째 생명으로 열심히 최선을 다해 세 번째 봄을 살아가고 있다.

제 4 장

고요할수록 깊어지는 시간

1. 고요할수록 깊어지는 시간

강명경

싱잉볼 막대가 둥글게 스칠 때, '웅…' 하는 소리의 떨림이 길게 퍼집니다. 물 위에 던져진 돌의 파장처럼 천천히 가슴속으로 번집니다. 소리의 끝을 따라가니 조용해집니다. 잠시 멈춘 것 같은 공기 속에서 내면의 시간이 조용히 흘러갑니다. 울림이 사라지는 순간, 마음속 작은 파장까지 짧은 떨림 속에 고요함이 길게 머뭅니다.

내게 어떤 사람이 되고 싶은지 물어보면, 사회적으로는 따뜻한 카리스마로 영향력 있는 사람이라 답하고 싶습니다. 개인적으로는 해야 할 일을 잘해내고 놀 땐 잘 노는 사람, 내면이 따뜻하고 척하지 않는 사람이요. 그러면 성공은 무엇이라고 생각하는지 물어보면, 돈보다는 가치를 보고 느낄 수 있는 삶을 사는 것이라고 답하고 싶습니다. 다시 말하면 내가 원하는 대로 선택하고 집중할 수 있는 삶이요. 그렇다면 난 무엇을 바라보며 살아왔고, 지금 서 있는 자리는 어떤 의미로 내가 허락되었을지 묻습니다. 이런 질문을 던질 수 있는 고요한 계절입니다.

무엇이 그리 불안해서 나를 채찍질했는지 떠올려보면 남들보다 뒤처지고 싶지 않은 마음이었나 봐요. 내가 선택해서 하고 있는 것이 힘들다고 투정을 부리고, 놀고 싶다고 쉬면 뒤처질 것 같았어요. 한계에 부딪힐수록 이게 맞는 길인지, 계속 가도 되는지, 시간 낭비는 아닌지 의심이 들면서도요. 그러니 하면서도 불안해서 몰입이 어려울 수밖에요. 그래도 끈기 하나로 어떻게든 밀고 나갑니다. 누군가 내게 말합니다. "포기할 건 포기할 줄도 알아야지. 남에게 피해 주면 안 돼." 안 맞는 옷을 계속 입으려는 것으로 보였을까요. 아무리 그래도 내가 이끌어가는 삶인데요. 이제는 더 이상 주변 시선에 흔들리고 싶지 않아서 마음을 다잡습니다. 하다 보면 어떻게든 결과는 나오겠지, 하는 마음으로요.

연기자가 맡은 작품을 찍으면서 하나의 배역에 오래 몰입하면, 끝난 후에도 배역이 가진 감정에서 빠져나오는 데 시간이 걸린다고 합니다. 내 것이 아닌 줄 알면서도, 익숙한 감정 속에서 계속 살아가게 되는 것처럼요. 그렇기에 무언가에 몰입하고 난 후에는 반드시 회복기가 필요합니다. 연기를 끝낸 후에 공백기가 있어야 숨이 트이고 본래의 모습으로 돌아오듯, 삶도 마찬가지였죠. 꽤 오랫동안 완벽해야 한다는 틀에 나를 얽맸던 시간이 있었기에 알아갑니다. 진행하던 것을 하나씩 마무리하면 휴식을 갖는 회복 기간이 필요하다는 걸 인정합니다.

소위 성공했다는 사람들을 보면 어떻게 성공할 수 있었는지 성공기가 궁금합니다. 그들이 실천한 방법들을 보면, '나도 해볼 만한데?' 하는 용기가 생겨요. 선착순으로 교육 수강생을 모집하는 광고, 시간이 지날수록 비용이 비싸진다는 문구에 마음이 조급해집니다. 한 달 수입과 나가는 지출을 계산하며, 부수적인 지출을 줄이고 투자해보자는 마음으로 신청서를 제출하고 결제합니다. 평소에 돈을 쓸 때, 꼭 필요한지 재고 따져보며 아끼면서, 유독 배우는 것에는 후해집니다. 수강을 해보니 직접 해보고 시행착오를 겪어온 과정을 통해 터득해낸 간단한 방법들을 친절하게 알려줍니다. 똑같이 따라 하다 보면 금방이라도 비슷하게 될 것 같지만, 실제는 오래가지 못하고 포기하게 됩니다. '뭐야, 하라는 대로 했는데 왜 나는 안 되는 거야' 하면서요. 생각해보면 성공한 모습만 봤지, 이루기 위해 수없이 무너지고 힘들었던 과정은 몰랐던 거죠. 성공한 사람들이 흔들리지 않고 단단하게 나갈 수 있는 건, 수천 번을 흔들려봤으니 가능한 것이겠죠.

원하는 것을 선택하고 나아가면 되는데 많이 망설였습니다. 그럴듯하게 성공해내지 못할까 두려웠습니다. 좋은 결과든 나쁜 결과든 해봐야 알죠. 좋지 않은 결과가 나오면 실패가 아니라 좋은 경험 한 것이고, 좋은 결과가 나오면 방법을 터득해가는 거고요. 그러니 정말 하고 싶은 게 있다면 선택하는 방향을 택해봅니다. 원하는 결과를 위해 시행착오를 겪는다는 마음으로요. 지금도 흔들림 속에서 방향을 잡아나가는 중입니다. 두려움이 커서 시도하기조차 어려웠다면, 지금은 '실패하거나 잘 안되면 어때. 해봐야 아는 거지. 그냥 해보자'는 마음이 먼저 듭니다. 이제 해낼 수 있는지의 여부, 마음에 들고 안 들고는 크게 중요하지 않습니다. 내가 선택했으면 그 결과가 내게 좋게끔 생각해보렵니다. 그렇게 나와 더 친해집니다.

인생에서 가장 큰 의미는 무엇일지 생각해보면, 평온한 분위기에서 좋아하는 것들을 하며 가족과 함께 살아가는 날들이 많아지는 거예요. 그리고 안정된 상태가 유지되는 것입니다. 가족은 특별히 잘난 게 없어도 내 존재 자체를 소중하게 안아주는 감사한 울타리입니다. 부모님, 남매나 자매 사이, 형부와 조카, 이모, 고모, 삼촌들까지. 모두가 우애 있고 따뜻한 마음으로 서로를 대합니다. 참으로 감사하고 감동적인 순간이 많습니다. 나도 그런 가족을 만들고 싶어집니다. 일확천금이나 오래 사는 것을 바라지 않아요. 물론 살면서 어느 정도의 자본이 있어야 편하지만, 사랑하는 이들이 있기에 조금이라도 더 같이 지내고 싶어 오래 살기를 소망할 수도 있겠지요. 나는 아프지 않고 정해진 운명만큼 살기를 바랍니다. 행복은 얼굴 낯빛에 담깁니다. 말로 행복하다고 외치지 않아도 표정이나 눈만 봐도 전해집니다. 말투와 언어, 행동에도 담기잖아요.

자연스러운 인간관계에서 나를 좋아할 수 있는 시간을 얻습니다. '괜찮아 보여야 하는 삶'이 아니라, '진짜 괜찮은 삶'을 향해 걸어가고 싶어요. 곁에 머물기 편한 사람이 되고 싶습니다. 어떤 사람으로 지내고 싶은지 방향이 있으니 좀 더 어필해야겠어요.

겨울, 차갑기만 한 공기 사이로 작고 따뜻한 감각이 되살아나요. 소란한 마음이 잠잠해질 틈을 만들어줍니다. 새벽에 무거운 공기를 타고 진하게 퍼지는 달콤한 와플 향. 힘든 순간마다 와플의 향수는 용기를 줍니다. '인생 최대로 힘든 순간을 잘 이겨냈는데, 지금도 잘 해결해나갈 수 있을 거야' 하고요. 길을 걷다가 갓 구운 빵 냄새가 나도 그때가 떠오릅니다. 이제 '그땐 그랬지' 하고 웃으며 지난날을 회상해요. 나름대로 우여곡절이 있었지만, 그 시간을 잘 지내온 내가 기특합니다.

똑바로 걷기보다는 비틀리며 걸어간 길, 앞으로도 그럴 것 같습니다. 나중에 시간이 많이 흐르면 지금의 순간들을 회상하겠죠. 바람이 흔들리는 순간들은 그럴 만했고, 충분히 가치 있던 때라고 볼 것 같습니다. 그러니까 지금도 똑바르진 않아도 묵묵하게 하던 대로 나아가보려고 합니다. 앞으로의 인생 그래프가 어떻게 펼쳐질지 궁금하고 기대됩니다. 어떤 점이 찍히고 어떤 선이 이어질지 알 수는 없지만요. 겨울은 여전히 차갑지만, 조금씩 따뜻해지고 있습니다. 내 안의 봄은, 조용히 준비되고 있습니다.

2. 세상에 죽음만큼 확실한 것은 없다

김진하

세상에 죽음만큼 확실한 것은 없다. 그런데 사람들은 겨우살이는 준비하면서도 정작 죽음은 준비하지 않는다. 톨스토이의 말이다. 미래를 대비한다고 아등바등 사는 우리를 향한 톨스토이의 안타까움이 느껴진다.

하지만 죽음이 언제 닥쳐올지는 불확실하기에 '카르페 디엠(carpe diem)'을 머리에 새기며 그저 하루하루 충실하고 열심히 사는 것이 정답인 것처럼 살게 된다.

작년 12월에 받은 종합검진에서 몇 가지 이상 소견이 나왔다. 재검사가 떴지만 대수롭지 않아 미루다 보니 5월이 되었다. 내과 진료로 병가를 낸 김에 추가 검사가 필요하다고 나왔던 유방초음파 검사를 했다.

의사는 가족력이 있는지 아프지는 않은지 물으며 초음파 기기로 꼼꼼하게 오른쪽 가슴을 훑었다. 이상이 없다며 왼쪽 가슴으로 넘어갔다. "여기는 뭔가가 있네요" 하며 모니터 화면을 내 쪽으로 돌려준다. 시커멓고 뾰족한 머리 모양 같은 무언가가 보인다.

"종양의 모양도 그렇고 크기도 작지 않아 조직 검사를 해봐야 할 것 같습니다."

가벼운 마음으로 왔는데 청천벽력 같은 소리에 멍했다. 금요일 오후 5시, 의사는 조직 검사에 여러 인원과 준비가 필요하니 지금 당장은 어렵다고 한다. 다음 주 중으로 일정을 잡자며 언제가 괜찮은지 물었다.

내 마음은 이미 암 진단을 받은 것이나 다름없었다. 검사 하루 이틀 늦는 것이 무슨 상관이랴. 급한 회사 일이나 마치고 오고 싶어 다음 주 화요일 오후로 예약했다.

암은 수술 후에 항암 치료도 하고, 회복까지 긴 시간이 필요하다. 투병하며 회사를 그만두게 되거나, 최악의 경우… 죽을 수도 있다.

자녀가 서른 살은 넘어야 부모 잃은 상실감이 덜하다는데 우리 애들은 이제 20대 초반이다. 머릿속 여러 생각들이 뒤엉켜 심란하다.

병원을 나오자마자 신랑에게 전화하려다 멈칫했다. 좋은 소식도 아닌데 빨리 알리면 그만큼 걱정하는 시간만 늘지 싶다. 결국 아무에게도 말하지 못하고 밤이 됐다. 신랑은 친구를 만난다고 11시가 넘어서야 들어왔다. 아무렇지 않다고 생각했는데 막상 신랑 얼굴을 보니 화가 났다.

"오늘 병원에 다녀왔는데 결과 안 물어봐?"

"어. 병원에서 뭐래?"

"안 좋대. 조직 검사 해봐야 한대."

말을 하고 나니 낮부터 꾹꾹 참았던 속상함이 쏟아져 울컥했다. 신랑 표정이 갑자기 심각해지더니 내일 당장 큰 병원에 가 보자고 했다.

복잡한 마음에 잠들지 못한 긴 밤이 지났다. 다음 날 아침이 되자마자 언니에게 전화했다. 예전에 비슷한 경험을 했던 언니는 상황을 듣더니 예약 대기가 긴 대학병원보다 다니던 병원에서 조직 검사를 받는 것도 괜찮다고 한다. 만약 암으로 확진되면 채취한 샘플을 가져갈 수 있게 슬라이드 형태로 준다고, 덧붙여 조직 검사는 한군데가 아니라 여러 곳을 찔러 많이 아프다고 했다. 죽는 것보다 당장 아플 것이 더 걱정된다.

중요한 시기에 핸드폰까지 말썽이다. 액정 중앙이 검어지나 싶더니 하루도 못 가 먹물 퍼지듯 점차 넓게 퍼졌다. 4년 넘게 썼는데, 수리해서 안에 있는 데이터를 살리려면 40~50만 원이 든다고 한다. 고민하다 새것으로 바꾸는 결정을 하며 기존에 가지고 있던 자료와 사진, 연락처 일부가 사라졌다. 어쩌면 삶도 이렇게 불현듯 위기가 닥치고 언제 끝나버릴지 모르는 불확실의 연속 같다는 생각이 들어 착잡했다.

주말엔 지금까지 살아온 시간을 돌아보며 이것저것을 정리했다. 물건과 옷도 분류하니 한 번은 쓸까 싶어 쌓아둔 것들이 꽤 많다. 버리기도 하고, 의류 수거함과 재활용 통에 아낌없이 넣었다.

생각해보면 하고 싶은 것을 못 하고 살지는 않았다. 여행도 다니고, 나에게 주는 선물처럼 옷과 가방도 샀다. 하고 싶은 만큼 공부도 했다.

하지만 아프지 않다면 앞으로 하고 싶은 것들이 많다. 유럽 여행이 그렇고, 바티칸에 있다는 천국의 문도 직접 보고 싶다. 독도와 일본 오키나와도 계획만 세우고 못 갔다.

서울, 익산, 부천, 하남…. 각지에 흩어져 사는 친구들도 목소리만 듣고 못 만난 지 몇 년째.

무엇을 놓치고 살았을까.

많겠지만 지금은 건강을 챙기지 못하고 산 것이 가장 후회된다.

회사에 출근하니 고민은 알 바 없이 일이 쏟아진다. 가끔 정신이 들면 현실에서 나만 동동 떠 있다. 다음 달 계획이나 회의가 관계없는 딴 세상 이야기 같다.

다시 회사에 못 돌아올 것을 대비해 옆 동료에게만 살짝 검사받는 것을 알렸다. 동료는 걱정되는 얼굴로 수술받고 건강을 되찾은 지인 이야기를 해주었다. 하긴 요새 암이 흔하고, 치료를 잘 받으면 이겨낼 수도 있겠지. 그런 생각은 못 했는데, 동료의 말에 조금 근심이 덜어졌다. 이래서 병은 널리 알리라고 했던가.

예약한 화요일 3시, 긴장된 마음으로 조직 검사를 받으러 갔다. 의사 두 명과 세 명의 간호사가 붙어서 도왔다. 잔뜩 긴장한 온몸의 신경이 곤두섰다.

"처음 볼 때보다 크기가 많이 줄었네요. 검사한다고 다 암은 아닌 거 아시죠? 괜찮을 가능성이 훨씬 커요." 뜻밖의 긍정적인 말이다. 괜찮은가 싶다가도 그러다 결국 암일 수도 있어 마음을 놓지 못했다. 결과가 나오기까지 일주일, 피 말리는 시간이다.

그동안 신랑은 평소와 다르게 자고 일어난 이불을 개고, 아침상을 차렸다. 아들이 설거지하고, 재활용도 버린다. 아프니 좋은 것도 있다. 그러게, 평소에 좀 잘하지.

이제 오십. 암 환자일지도 모른다는 생각에 시시때때로 마음이 가라앉는다.

한편으론 며느리 노릇도, 엄마와 아내 역할도, 회사 일도 중요하지 않으니 무거운 지게에서 나만 쏙 빠져나온 것 같다. 주위를 챙기고 책임을 다하려 이렇게나 애쓰고 살았다. 결과가 좋으면 다시 짐을 질 생각을 하니 어깨가 더 무겁게 느껴질 것 같다.

일주일이 지나 조직 검사 결과가 문자로 왔다. '암과는 관련 없는 섬유낭성 변화'. 내년 정기검진 때 오라는 안내도 있었다.

앓던 이가 쏙 빠진 느낌. 살았다. 참 다행이다.

사계 중 가장 마지막에 오는 계절인 겨울. 봄, 여름, 가을을 치열하게 살아내고 한 해를 마무리하는 때다. 분명 여름이고 가을이라 생각했는데 아차 하는 순간 겨울이 코앞에 와 있을 수도 있다.

가끔 지금까지 이룬 것, 해낸 것, 해온 것을 돌아보며 스스로 토닥여야 한다. 열심히 살아내느라 고생했다고.

그리고 이번 생에 반드시 '꼭' 하고 싶은 한 가지를 찾는다.

Right Now! 지금이 그것을 시작할 유일한 타이밍이다.

3. 다시 피어나다

김하세한

　겨울은 끝이 아니다. 찬란한 봄을 준비하는 계절이다. 모든 것이 멈춘 듯 보이지만, 가장 깊은 곳에서 생명의 준비가 이루어지는 시기다. 나는 이 시기를 '끄트머리'라 부른다. '끄트'는 끝을, '머리'는 시작을 뜻한다. 끝과 시작이 만나는 지점이다. 모든 끝은 마무리의 종착점이 아니라 새로운 출발선이다. 부모에게 받은 이름으로, 엄마로, 아내로, 며느리로 살아왔다. 수많은 역할을 감당하며 바쁘게 지나온 세월이었다. 이제는 그 모든 자리에서 한 걸음 물러서 오롯이 자신에게 집중하는 삶을 살고자 한다.

　그래서 나에게 새로운 이름을 지었다. 이름을 짓는 일은 생각보다 쉽지 않았다. 오래 고민하고 수없이 떠올린 끝에 마침내 탄생한 이름, '하세한'. 그 이름엔 마음과 희망이 담겨 있다. 하루에 세 가지는 반드시 하자. 걷고, 읽고, 쓰는 삶이다. 하루를 허투루 흘려보내지 않기 위한 다짐이자 주문이다. 마치 최면을 걸듯 삶의 리듬을 단단히 세우고 싶었다. 그래서 선택한 이름이 '하세한'이다. 지은 죄를 씻고 세례명을 받아 새로운 마음으로 살아가는 사람처럼, 새로운 이름을 통해 다시 태어났다고 느낀다. '하세한'은 두 번째 생명의 시작점이다. 지금, 그 이름으로 다시 살아가고 있다.

나에게 집중하며 살아가는 제2의 삶은 이제 막 태어난 신생아 같다. 아무것도 할 수 없고, 전혀 다른 세상에 던져진 듯 두렵고 불안하다. 모든 것이 새롭고, 모든 것을 다시 배워야 한다. 지금껏 알고 있던 것은 리셋되어야 하고, 머릿속에 남은 기억조차 새롭게 포장하고 다듬고 싶다. 앞으로 마주할 일들도 하나하나 처음 겪는 일일 수밖에 없다. 신생아처럼 여리고 보드라운 이 삶에는 보호자가 없다. 유일한 보호자는 바로 나 자신이다. 스스로를 돌보고, 걸음마부터 다시 배우며, 언젠가는 달려보기도 해야 한다. 물론 자주 넘어질 것이다. 하지만 한 번쯤 겪어본 일이라는 이유만으로 조금 덜 무섭고 덜 아플 것이라는 위안도 있다. 지금 나는 나를 키우고 있다. 천천히, 그러나 분명히 자라고 있다.

어느 날, 아들이 내게 말했다. 앞으로 무엇을 하며, 어떻게 살아야 할지 잘 모르겠다고. 그 말을 듣는 순간, 지난 시간이 떠올랐다. 나 역시 뚜렷한 계획을 세우고 산 적은 없었다. 정확한 답을 가지고 산 기억도 없다. 그저 하루하루를 헛되이 보내지 않으려 애쓰며 살았다. 밥을 먹을 땐 맛있게 먹었고, 잘 땐 충분히 잤으며, 놀 땐 마음껏 놀았다. 그렇게 그때그때에 맞춰 살았다. 그 평범한 일상이 지금의 나를 만든 디딤돌이었다. 특별할 것 없는 실천이 삶을 지탱해주었다. 아들에게 건넨 이 말은 어쩌면 나 자신에게 더 필요했던 말이었다. 흔들릴 때마다 마음속에서 꺼내 붙잡고 싶은 다짐이었다. 지금 이 순간에도 중심을 잃지 않기 위해 스스로에게 되새기는 말이었다.

어느 강연을 현장에서 직접 들을 기회가 있었다. 스크린 너머가 아닌 눈앞에서 마주한 그 순간, 가장 먼저 다가온 것은 말이 아니라 태도였다. 삶을 단지 설명하는 사람이 아니라 실제로 살아낸 사람이라는 사실이 고스란히 느껴졌다. 단단한 체력과 균형 잡힌 지성, 삶을 향한 진심 어린 물음이 한 사람의 몸에 깃들 수 있다는 것이 놀라웠다. 그는 지식을 머리로만 담은 이가 아니었다. 땀으로, 근육으로, 매일의 루틴으로 그 지식을 살아낸 사람이었다. 겉치레 말 대신 삶으로 증명하는 사람이었다. 그 모습은 단지 멋지다거나 본받고 싶다는 감정에 그치지 않았다. 마음 한구석이 저릿할 만큼 강렬한 인상이었다. 강연이 끝난 뒤에도 그 모습은 좀처럼 떠나지 않았다.

집으로 돌아오는 길에도, 그날 밤에도 머릿속은 온통 그 사람으로 가득했다. 결국 며칠을 꼬박 강연을 다시 찾아 듣고, 관련된 책과 영상, 기사들을 샅샅이 찾아보았다. 알고 싶었고, 닮고 싶었다. 그렇게 점점 깊이 빠져들며, 마음속에서 결심이 피어오르고 있었다. 나도 저렇게 살고 싶다는 생각이었다. 돌이켜보면 그 강연은 내 안에 씨앗 하나를 심고 간 시간이었다. 눈에 띄지 않을 만큼 작고 조용했지만, 그 자리에서 무언가 움트기 시작했다. 그것은 단순한 감탄도, 욕망도 아니었다. 살아가는 방식을 바꾸고 싶다는 갈망, 더 진심으로 나를 살아내고 싶다는 열망이었다. 그날 이후 내 마음속에는 새로운 가능성이 조금씩 자라나기 시작했다.

지금 당장 거대한 변화를 만들 수는 없지만, 작게나마 시작은 할 수 있겠다고 느꼈다. 그 작은 시작은 걷기였다. 걷다 보니 자연스럽게 음악을 듣게 되었다. 처음엔 익숙한 리듬과 멜로디가 발걸음을 가볍게 만들었다. 하지만 어느 날부터인가 음악조차 지루하게 느껴지기 시작했다. 그 무렵 우연히 강연 프로그램을 접하게 되었고, 여러 강사들의 이야기를 들을 수 있었다. 알고리즘에 따라 비슷한 주제의 강연이 반복되었지만 이상하게도 싫지 않았다. 오히려 반복 속에서 메시지가 점점 또렷해졌다. 더 알고 싶다는 마음이 생겼다. 그래서 유료 오디오북 서비스를 통해 본격적으로 듣기 시작했다. 그러던 중 충청남도민을 위한 무료 오디오북 프로그램이 있다는 것을 알게 되었다. 매월 1일 무료 쿠폰을 받기 위해 알람을 맞춰두는 일이 이제는 생활의 일부가 되었다. 작은 혜택 덕분에 듣기의 폭이 넓어졌고, 비용 부담도 덜 수 있었다. 그 후로 나는 오디오북을 들으며 걷기 시작했다.

세바시 강연자들의 생생한 이야기를 들으며 자연스럽게 책이 읽고 싶어졌다. 그렇게 한 권씩 책을 집어 들었고, 읽다 보니 그 이야기를 나누고 싶어졌다. 독서 모임에 참여하게 되었고, 읽은 것을 흘려보내기 싫어 글을 쓰기 시작했다. 그렇게 책과 사람, 글과 삶으로 이어지는 세계 속으로 다시 들어가게 되었다. 글쓰기는 기억을 붙잡는 도구가 되었다. 읽은 것을 마음에 오래 담아두고 싶어 시작한 글쓰기는 어느새 일상이 되었고, 글쓰기 100일 챌린지에도 네 번이나 참여하며 '꾸준함'이라는 뿌리를 내려갔다. 그 과정에서 또 하나의 변화가 찾아왔다. 혼자 있는 시간이 더 이상 두렵지 않게 된 것이다. 예전엔 늘 누군가와 함께 있어야 에너지가 났다. 모르는 사람들 사이에 홀로 있는 건 상상조차 하지 못했다. 하지만 지금은 혼자 운동하고, 혼자 독서 모임에 나가며, 혼자 글쓰기 챌린지에 신청한다. 홀로 있는 시간이 점점 익숙해지고, 자연스럽게 '홀로서기'가 시작되었다. 이제는 누군가의 그림자 속이 아니라, 타인의 기대 아래가 아니라 오롯이 나 자신의 리듬과 호흡으로 살아가는 인생이 열리고 있다.

지금도 여전히 씨앗을 고르고, 골라낸 씨앗을 품고 있다. 움트기 위한 시간은 조용하지만 분명히 흐른다. 오늘도 아주 조금씩, 그러나 멈추지 않고 현재를 살아간다. 대단할 필요는 없다. 꾸준함이 답이다. 멈추지 않고 계속해나간다면 이 겨울도 봄을 맞이하게 될 것이다. 싹이 트고, 잎이 나고, 꽃도 피어날 것이다. 무작정 기다리지만은 말자. 행동하지 않으면 아무 일도 일어나지 않는다. 크지 않아도 괜찮다. 작은 움직임 하나면 충분하다. 그 움직임이 내일의 방향이 되고, 결국 나만의 꽃을 피워낼 것이다.

지금 어떤 계절을 살아가고 있든, 그 계절이 겨울이라면 그것은 끝이 아니다. 내면의 생명이 조용히 준비되고 있다는 뜻이다. 씨앗은 심겨야 싹이 튼다. 움직여야 길이 열린다. 지금 가장 작은 한 걸음을 믿고 내딛어보자. 그것이면 충분하다. 봄은 반드시 올 것이다.

겨울방학이 2주 남았다. 교과 수업 시간은 여유롭고 자율학습 시간이 많았다. 자율학습 시간에는 고등학교 입학에 대한 기대와 곧 입게 될 교복에 대해 수다를 떨었다.

"승희야, 선생님이 교무실로 오래."

무슨 일일까 걱정하며 조심스럽게 교무실 문을 열고 들어갔다. 담임선생님께서 조퇴확인서를 주셨다. 어리둥절한 표정으로 조퇴확인서를 받았다. 선생님은 아버지가 응급실에 계시니 집에 빨리 가라고 했다. 어디가 아프시냐고 질문하려다 선생님도 모르실 것 같아 고개만 갸웃거리며 나왔다.

또래 학생들이 보이지 않는 오후 2시경. 집으로 가는 길은 아침 등굣길과는 달리 한산했다. 하교 친구 없이 혼자 걷는 것이 낯설었다. 집에 가는 게 왠지 싫었다. 빨리 갈 수 있는 큰길을 두고 돌아가는 골목길로 걸었다. 예상과 달리 집에는 아무도 없었고 난방이 언제 꺼졌는지 집은 추웠다.

  오빠 셋은 타지에서 직장 생활을 하고 있었다. 언니는 같은 지역에 살지만, 조카들이 어려서 자주 오지는 못했다. 엄마는 병원에 계신 것 같고, 할머니는 시장에 나물 팔러 가셨으니 아직 아빠 소식을 모르실 거다. 저녁이 되어야 오실 할머니였지만 오늘만은 빨리 오셨으면 좋겠다고 생각했다. 저녁을 먹었는지, 집 온도가 어땠는지 기억이 흐릿하다. 시끄럽게 TV를 켜놓고 화면을 바라보기만 했다.

  3년 전에 아빠는 폐에 기흉(공기가슴증)이 생겨 수술하셨다. 급한 수술이어서 큰아버지와 작은아버지가 보호자로 병원에 오셨었다. 걱정과 달리 5일 만에 퇴원하셨다. 이번에도 며칠 있으면 퇴원하실 거라고 스스로 다독였다. 11시가 넘도록 아무도 아빠의 소식을 전해주지 않았다. 평소 초저녁잠이 많아 11시 전에 잠들던 나는 더 외롭고 무서워졌다.

  아빠를 보지 못했다. 아빠의 마지막을 보지 못했다. 아빠는 야간 근무가 끝나고 친구분과 소주 한잔하셨다. 어두운 2층 계단을 내려오다 발을 헛디뎌 구르셨는데, 머리를 다쳤다고 했다. 급하게 병원으로 옮겼지만, 손 쓸 수 없어 허망하게 가셨다고 했다. 아빠는 그렇게 사라졌다는 표현이 이상하지 않게 사라지셨다.

  대문 앞에는 초상집을 알리는 등이 켜졌다. 집에서는 아빠의 부고를 전하는 전화 소리가 끊이지 않았다. 엄마와 친척들은 상복을 입고, 부고 소식을 듣고 달려온 손님과 함께 눈물을 쏟으셨다.

  "저 어린것을 두고, 나 혼자 어찌 살라고. 이렇게 가버리면, 나는 어떻게 살아! 저 어린것은 이제 어떻게 살라고…"

엄마가 소리 내서 우는 모습을 처음 보았다. 마음이 여려 눈물이 많으신 건 알고 있었다. 하지만 사람들 앞에서 소리 내어 우는 엄마의 모습은 이상하고 낯설었다. 내가 울면 엄마가 더 슬퍼하실 것 같았다. 아빠 없는 애로 산다는 게 어떤 건지 몰랐다. 어떤 감정을 느끼고, 어떻게 행동해야 할지 혼란스러웠다.

장례를 치르는 3일 동안 울지 않았다. 조문객들은 예고 없이 돌아가신 젊은 아빠의 죽음을 안타까워했다. 친척들은 막내인 나만 빼고 다 성장했으니 그나마 다행이라고 엄마를 위로했다.

친구들이 나를 만나러 왔을 때 안 만나고 싶었다. 마치 내게 아빠가 없다는 걸 확인하러 온 것 같았다. 창피하고 화가 났다. 경제적으로 풍족하진 않아도 아빠가 없는 친구는 없다. 위로를 해주는 친구들에게 굳은 얼굴로 별일 아닌 것처럼, 정말 아무렇지 않은 것처럼 대했다.

아빠와 준비 없이 이별했다. 세상은 변한 것이 하나도 없었다. 아침 해는 떴고, 밥때가 되면 배가 고팠고 저녁이 되면 해가 졌다. 학교에 가야 했고, 친구들은 방학을 기다리며 수다를 떨었다. 달라진 건 시간이 지나도 아빠가 오지 않는다는 것뿐이었다. 할머니와 엄마가 계셨지만 허전했다. 불을 켜도 밝지 않고 난방해도 추웠다. 아빠가 오실 것 같은 데 오시지 않고 매일 기다리는 것 같았다. 아빠는 꿈속에서조차 한 번도 나오지 않았다. 꿈에라도 나오면 왜 그렇게 갔냐고 소리치며 울부짖고 싶었는데, 아빠는 그것마저도 하지 않았다. 미웠다.

아빠는 나의 어린 시절 주 양육자였다. 1970~1980년대 대부분의 집에서 경제는 아빠의 몫이었다. 엄마는 살림하며 자녀 양육을 하던 시절이었다. 경제적인 부분을 아빠에게만 의지할 수 없던 엄마는 결심하셨다. 엄마는 내가 돌이 되자 돈을 벌기 위해 일을 나가셨다. 전문 기술이 없던 엄마는 지인 소개로 일식집 주방 보조 일을 시작하셨다. 일을 시작하신 엄마는 아파야만 쉬셨다. 그럴 때면 엄마 옆에 딱 붙어 엄마가 자주 아팠으면 좋겠다고 어리광을 부렸다.

이른 아침 오빠들은 학교 갈 준비에 바빴다. 엄마는 아침 식사와 큰오빠의 도시락 준비로 분주하셨다. 어린 나는 할 일이 없었다. 뒷산을 오르는 것이 아빠의 아침 운동이었다. 아빠가 나갈 준비를 하시면 졸린 눈을 비비고 따라나섰다. 계단을 오르고 바윗길을 넘어 산 정상에 올랐을 때의 시원한 바람이 좋았다. 산을 오르고 내려갈 때 부지런하다고 칭찬받는 것도 좋았다. 아빠가 따주시는 붉게 익어가는 산딸기의 새콤한 맛은 최고로 맛있었다.

약속 있는 날. 자전거 안장을 가볍게 치시며 "가자, 막내딸." 아빠는 자전거에 날 태우고 기분 좋게 출발하셨다. 대부분 포장마차에서 친구와 소주 한잔의 약속이었다. 포장마차 아줌마는 어린 딸을 데리고 온 아빠의 자상함을 칭찬했다. 보채지 않고 앉아 있는 나도 기특하다며 삶은 콩을 자꾸 채워주곤 하셨다. 아빠 친구들은 나를 예쁜이, 예쁜이 하며 간식을 챙겨주시고 예뻐해주셨다. 매번 예쁘기만 했을까? 말과 행동을 조심해야 하니 아빠 혼자 오길 원했을지도 모른다. 그러나 아빠는 매번 "가자, 막내딸." 나를 자전거에 태우고 가셨다.

초등학교 6학년 때부터 나는 아빠를 쌀쌀맞게 대했다. 아빠가 경제적으로 무능해서 엄마가 일을 나갔다고. 어린 내게서 엄마를 빼앗은 게 아빠라고 생각했다. 아빠는 내게 빚진 사람이었다. 나는 빚을 받아야 하는 사람이었다. 곱지 않은 눈으로 아빠를 바라보고 퉁명스럽게 말대답했다. 아빠는 나를 혼내시거나 속상한 마음을 내색하지 않으셨다.

오냐오냐해서 버릇없다고 화를 내는 오빠들에게 아빠는 말씀하셨다.

"너희는 어릴 때 엄마가 키웠지만, 막내는 엄마가 키우지 못했다."

안쓰러운 동생이니 잘 돌봐줘야 한다고 하셨다. 아빠의 전폭적인 보살핌이 있었다. 오빠들은 나를 보며 씩씩거리기만 할 뿐, 괴롭히지 않았다.

아빠와 엄마의 약혼식 사진을 가끔 바라본다. 잔잔한 미소를 띠고 있는 아빠다. 이제 3년 후면 돌아가시기 전 아빠의 나이가 된다. 아빠는 지금도 내가 예쁘실까? 나에게 어떤 말씀을 하실까? 나는 아빠에게 무슨 말을 할까? 아마도… 많이 기다렸고, 보고 싶었다는 말이겠지.

가끔 아빠의 등에 꼭 붙어 자전거를 타고 시원한 바람을 느끼고 싶다.

5. 하나님의 은혜로 견뎌낸 겨울

송기홍

인생을 사계절로 생각할 때, 겨울은 결코 만만한 시간이 아니다. 겨울은 단지 날씨의 추위만이 아니라, 삶 전체가 얼어붙는 듯한 절망과 고통의 시기였다. 그러나 지금 돌아보면 그 혹독했던 겨울을 견딜 수 있었던 것은 하나님의 은혜였다.

목사가 되고 12년이 지나서야 사역하던 교회를 사임하고 2006년 3월에 교회를 개척했다. 큰 꿈을 품고 시작했기에 교회 이름도 '큰비전교회'라고 지었다. 대전시 가장동의 아파트 단지 후문 쪽에 세워진 교회는 처음엔 교인이 한 명도 없었다. 가족끼리 시작했다. 힘들고 어려웠지만 기도하고 전도하며 견뎠다. 시간이 지나 교회에 새 가족이 들어오기 시작했다. 1년이 지나니 학생들 포함하여 교회 식구들이 20명 정도 되었다. 적은 수의 사람뿐이었지만 함께 예배를 드리며 행복했다. 그러나 다시 원점으로 돌아가 남은 사람이 없었다. 한 달이 지나면 내야 하는 월세가 문제였다. 한 달은 너무도 빨리 돌아왔다. 교회 개척하는 그 시간은 기쁨과 설렘보다는 고난과 역경의 시간이었다. 예배 처소와 사택의 공과금과 월세를 감당하는 것이 생각보다 어려웠다. 재정은 항상 부족했다. 시간이 지나도 힘들기만 한 현실 앞에서 갈등하기 시작했다. '과연 이 길이 맞는 것일까, 목회자로 부름을 받은 것이 맞나' 하는 생각이 끊임없이 들었다. 현실은 더욱 어려웠다. 가족에게도 미안하기만 했다. 가족을 제대로 돌보지 못한다는 죄책감이 가장으로서의 자존심마저 무너지게 했다. 교회를 개척하고 이제 겨우 2년 남짓 지났는데, 더 이상 버틸 힘이 없었다. 그래서 기도원에 올라갔다.

2008년 2월, 아직도 산자락에는 흰 눈이 덮인 계절이지만 모든 것을 내려놓고 산속에 있는 기도원으로 갔다. 거기서 21일간 기도를 했다. 음식은 아무것도 먹지 않고 오직 물만 마시며, 하나님께 매달렸다. 하루하루 약해지는 몸과 달리 정신은 더욱 맑아졌다. 그래서 간절히 기도할 수 있었다. 그러나 내가 바라던 응답은 없었다. 응답이 없는 기도를 하면서 많은 질문을 했다. "왜 아무 말씀도 없으십니까?" "어떻게 해야 해결할 수 있는지 왜 답을 주시지 않으십니까?"

그러나 기도원에 있는 동안 하나님은 특별한 환상을 보여주거나 음성을 들려주지 않으셨다. 기대하던 응답이 없었다. 다만, 그 침묵 속에 한 가지 마음의 울림이 있었다. "내가 너와 함께하고 있다." 그리고 이 길은 하나님께서 계획하시고 허락하신 길이기에 최선을 다해야 한다는 것을 깨달았다.

21일이 지난 후 산에서 내려와 일상으로 돌아갔다. 생활은 여전히 어려웠다. 가장이라서 가족을 위해 무어라도 해야만 했다. 산에서 내려와 3월이 되었을 때, 겨울이 지나고 봄이 오고 있었다. 아직도 힘든 것은 마찬가지였으나, 체력을 어느 정도 보강한 후에 생계를 위해 일자리를 찾아 나섰다. 교차로 신문을 뒤적여보고, 여기저기 전화하고 찾아가봤지만 마땅히 할 일이 없었다. 그러다 초고속 인터넷 설치하는 일을 따라다녔다. 그러나 그것도 3일 만에 그만두고 말았다. 용역 센터에도 가보았다. 그런데 할 수 있는 일은 없었다. 마땅한 일자리를 찾지 못했고, 직장 생활이 얼마나 힘든지 조금은 이해할 수 있었다.

그 후 지인의 소개로 대리운전을 시작했다. 저녁 시간부터 시작한 대리운전은 동쪽 하늘에 태양이 떠오르는 이른 아침이 되어야 끝났다. 그렇게 한 달에 20일 정도 대리운전을 해서 버는 수입이 150만 원 정도 되었다. 그 돈은 당시 아주 큰 돈이었다. 그렇게 대리운전을 1년 6개월 정도 하고 그만두었다. 다시 교회를 세우고 강단에 엎드려 무릎을 꿇었다. 그러나 어렵기는 마찬가지였다. 모두 떠나가고 오직 가족만 남았다. 쉽지 않은 기간이었으나 하나님께서 내 사정을 알고 계신다는 확신이 그 기간을 견디게 했다. 그 어려운 순간에도 생각을 같이하며 함께 기도하는 아내가 있고, 아이들이 있어서 견딜 수 있었다.

그 후 2014년 농촌 마을의 교회로 다시 청빙을 받아 이사했다. 교회와 사택 월세를 걱정하던 때를 생각하면 마음이 한결 편했다. 그러나 여기도 모든 것이 다 채워진 것은 아니었다. 힘들면 힘든 대로 하나님께 기도하며 위로를 받고 힘을 얻었다. 새로이 청빙받은 교회가 부흥하고 자리를 잡아갈 무렵, 또 시련이 찾아왔다.

2017년 9월 폐암 진단을 받게 된 것이다. 국가에서 하는 건강검진을 받고, 재검이 필요하다는 말 듣고 재검을 받았다. 재검을 받은 날, 담당 의사가 말했다. "폐암이 의심됩니다. 큰 병원 가서 조직 검사 받아보세요." 그 순간, 나는 전기에 감전된 듯 온몸에 힘이 빠졌다. 몸에서 피가 모두 빠져나가는 느낌이었다. 갑자기 기운이 없어서 옆에 있는 의자에 쓰러지듯 털썩 주저앉았다. 순간 온갖 생각이 머릿속을 스쳐 갔다. 가족, 교회, 아직 마무리하지 못한 일들, 그리고 이대로 삶이 끝날 수도 있다는 두려움이 나를 힘들게 했다.

늘 기도하던 자리에 엎드렸다. "하나님, 살려주세요. 아직 해야 할 일이 남아 있습니다. 저를 살려주세요." 큰 소리로 기도하지 않았지만 간절했다. 기도하던 중에 하나님께서 마음의 평안을 주셨다. "금방 안 죽는다, 염려하지 말아라." 3일간의 기도 후에는 마음이 너무 평온해졌다. 조직 검사를 통해 암으로 확진되고, 수술대 위에 오르면서도 처음 가졌던 불안함과 공포감은 더 이상 없었다. 수술은 무사히 마쳤고, 7년이 지난 지금은 건강을 완전히 회복했다. 하루하루의 시간이 하나님의 은혜였고, 살아 있음에 감사한다.

부족한 가장이었고 무능한 목회자였지만, 하나님은 그 속에서도 견딜 수 있는 은혜를 주셨다. 힘들 때는 기도하게 하시고 가족의 위로를 받게 하셨다. 기도하는 순간과 가족이 있었기에 그 겨울을 견딜 수 있었다. 하나님은 여전히 살아 계시고 나를 붙들고 계신다.

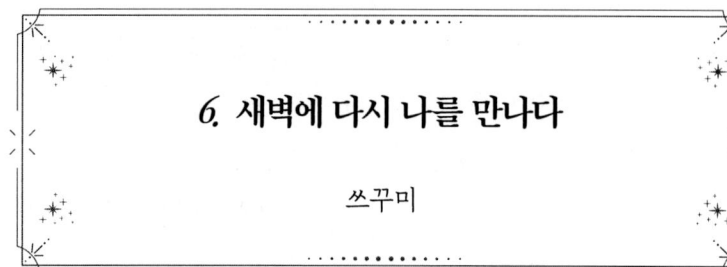

6. 새벽에 다시 나를 만나다

쓰꾸미

새벽 4시 30분. 10분만 읽어도 만난다. 아니, 한 문단만 읽더라도 필요한 문장을 만난다. 필요하다고 생각하니, 나와 만난다. 책에서 오늘 필요한 문구를 필사한다. 잠시 새벽의 고요함을 즐긴다. 오늘에 녹이고 싶은 한 줄을 손으로 쓰며 하루를 시작한다.

긍정적인 사람이라 생각했다. 새로운 것에 도전하고, 결과에 상관없이 과정을 즐길 줄 아는 사람. 주변 사람에게 긍정의 기운을 나누어주어, 내 주변에서 웃음소리가 끊이지 않는 사람인 줄 알았다. 아내가 나를 좋게 본 이유도 비슷했다. 어른들에게 늘 웃으며 인사하고 대화하는 모습. 그 모습이 좋아 보였다고 했다. 아내는 대학교 1학년 때에 아르바이트하며 공부하는 모습을 보며 책임감 있는 사람이라고 생각했다. 장흥에 있는 경양식 집에서 같이 일할 때, 내가 주방에서 설거지하며 앞치마뿐 아니라 내 옷까지 젖어도 열심히 일하는 모습이 보기 좋았다고 했다. 원하는 일에 결과를 얻었다. 열정적으로 노력해서 원하는 위치에 도달하는 사람. 사람 좋은 인상을 지닌 사람. 내 긍정적인 태도가 호감으로 나타나는 그런 완벽한 사람인 줄 알았다.

　아니었다. 부정적인 시선이 많아 늘 불안해하는 사람이 바로 나였다. 직업병일지도. 18년 동안 발전소를 건설하고 처음 기계를 운전해 전기를 만들어내는 일(시운전, 試運轉, Commissioning)을 해왔다. 건설된 기계를 처음 운전하는 직업이다 보니, 늘 긴장해야 사고 피할 수 있었다. 카타르에서 근무 중에 작업자들이 덥다고 해서 선풍기를 가져다주었다. 작업자가 선풍기 방향을 바꾸다가 손가락이 선풍기 커버 안쪽으로 들어가 눈앞에서 손가락이 잘렸다. 순식간이었다. 약손가락과 새끼손가락 한 마디가 흔적도 없이 갈렸다. 새빨간 피가 바닥을 적시기까지 3초도 걸리지 않았다. 선풍기 커버에 보호 장치를 붙였다면 발생하지 않을 수 있었던 일이었다. 세심한 확인을 하지 않은 나를 원망했다. 프로젝트가 종결될 때까지 같이 근무하였던 인도 직원, 쿠마르 손가락을 보며 후회했다. '내가 한 번 더 확인했다면'이라는 자책이 17년이 지난 지금도 가끔 올라온다.

　실수를 바라보는 태도는 일상에도 영향을 미쳤다. 외출할 때, 가방 안에 일을 담고 다녀야 마음이 편했다. 두 달 전 주말에 '주앤미 우베셀'에 출연했다. 새벽 5시 40분에 광역버스를 타고 서울역으로 갔다. KTX를 타고 촬영장이 있는 천안으로 향했다. 늦기 싫어 1시간 먼저 도착했다. 촬영 전, 기다리는 시간에 읽으려고 준비한 책을 가방에 도로 넣었다. 긴장이 되어서 펼쳐보지 못했다. 촬영 후 현주 코치, 미애 작가, 혜진 작가와 점심 식사했다. 다시 출간 계약을 위해 천안 북하우스로 이동하였다. 사람들과 이야기도 나누고, 추억을 쌓았다. 집에 오는 길에는 출간 계약하면서 찍은 사진을 보고 인터넷 서핑을 하느라 새벽부터 들고 다녔던 노트북과 책을 펼쳐보지 못했다. 생산성, 성과라는 단어에 쫓겼다. 외출할 때마다 빵빵한 가방으로 양어깨가 처졌다. 가방에 넣은 것이 일인지 부담인지 불안인지. 가방 무게만큼 내 불안감이 마음속 깊은 곳으로 가라앉아 보이지 않기를 바랐다.

2025년 1월 1일. 회사에서 인사 발령이 났다. 2024년에는 팀장이었는데, 2025년에는 보직이 해임되었다. 회사 직원들의 시선이 부담스러웠다. 사람들 눈에 내가 어떻게 보일지 고민했다. 내가 대리였을 때, 팀장으로 근무하다가 팀원으로 근무하는 사람을 바라보던 내 모습이 머리를 스쳤다. 사람들 눈에 내가 얼마나 무능력해 보일지 두려웠다. 안 좋은 이야기는 당사자에게 하지 않을 뿐, 주변 사람들은 다 알고 있다는 것도 안다. 아침에 일어나 한숨이 더 늘었다. 2024년 11월에 출장 나갔던 해외 현장에서 맞은 새해, 2025년 시작은 씁쓸했다. 1달 정도 시간이 지난 다음, 해외 현장에서 본사로 복귀하는 중에 회사 경영 상태가 좋지 못하니, 자택 대기를 하라는 이야기를 전해 들었다. 생각은 고요했지만, 감정은 조용하지 않았다.

삶의 우선순위 1등, 회사였다. 내가 회사를 생각하는 만큼, 회사도 나를 생각해주기를 욕심냈다. 회사나 세상은 나를 우선으로 생각해준다고 약속하지 않았다. 나 혼자 주는 만큼 받아야 한다고 생각했다. 생각의 정리도 필요했다. 다시 회복하는 시간도 필요했다. 혼자 스스로 수용하는 시간이 필요했다.

『왜 일하는가』, 『그래도 계속 가라』, 『미움받을 용기』 책을 읽으면서 내 마음에 대해서 다시 살펴봤다. 회사를 그만두기 위해서는 명확한 이유가 필요했다. 막연하게 싫다는 불만으로 회사 그만두면, 다음 회사에서도 비슷할 것 같았다. 내가 왜 일하는 것인지, 일에서 의미를 계속 찾을 수 있을지 고민했다. 발전소 건설하고 시험하며 18년 보냈다. 이제는 지구 온난화 문제로 발전소 짓기 쉽지 않다. 18년 동안 쌓아 올렸던 노력을 잊고, 다시 시작해야 했다. 기회라고 생각하기로 했다. 팀장 보직은 없어졌지만, 회사 출퇴근 편해졌다. 할 일이 끝나면, 자리에서 일어나 가방 메고 사무실 나갔다. 다른 사람들에게 인정받으려고, 눈치 보며 더 이상 자리에 앉아 있지 않았다. 변화된 환경을 받아들이기로 했다. 종종 받아들이기가 힘든 감정이 올라오면, 일기장을 살생부로 바꾸어 힘들게 했던 사람을 욕하며 감정을 흘려보냈다. 수용, 지금도 쉽지 않았다.

혼자 깨어 있는 새벽에 읽고 생각하며 썼다. 생각을 정리하며 쓴 글을 모으기 시작하니 내 이름이 들어간 책이 나왔다. 나를 알고 있는 주변 사람이 책을 읽었다. 지인에게 내 일상의 흔적을 남기고 싶었다. 그 흔적을 느끼면서, 공감하기를 바라며 썼다. 또 누군가는 내가 경험한 것을 읽고, 일상을 예전보다 지혜롭게 보내기를 바라며 썼다. 이런 마음을 글에 담으니, 내 행동이나 생각과 다른 글을 책에 적기는 불편하다.

내 인생을 누군가 대신 살아주는 것도 아닌데, 남의 눈치를 보며 살아가는 방식은 그만두려 한다. '지금, 여기'에 집중하며 살아가기도 만만치 않다. 내가 무엇인가 할 수 있는 것은 지금인데, 바꿀 수 없는 옛날과 올지 안 올지 모르는 미래를 고민하며 시간을 보내는 것도 나와 맞지 않다. 내 인생은 후회와 걱정으로 채우기보다 더 값어치 있다고 믿는다.

인생 처음 살아본다. 이미 한번 살아보았다면 하지 않아도 되는 실수는 줄고, 후회는 덜 할 것 같다. 방황, 당연하다. 늘 후회만 하지 않는다. 회사에서 팀장까지 못 해보고 회사를 나가는 사람들도 많다. 자신의 이야기를 책에 옮겨보지 못한 사람들도 많다. 잠시 방향을 잃은 적도 많지만, 다시 원하는 일상을 살아가는 방향으로 돌아왔다. '지금, 여기'를 충실하게 살아가는 이유는 새벽에 나 혼자 보낸 시간 덕분이다. 고요한 새벽은 내가 어디에 있는지, 내 목표를 확인하며 수정된 목표를 세우고 방향을 선택하는 시간이다. 홀로 보내는 시간 덕분에 불안한 마음을 쓰면서 이해했다. 걱정을 낮추고 오늘을 나아갈 수 있도록 노력한다. 어제, 오늘, 내일의 새벽 시간이 고맙다.

7. 뒤죽박죽, 그러나 가을 그 속에 봄!

오드리진

> 가을이 되면 쓸쓸할 거라고 아마 사진첩을 보게 될 거라고 누구 그랬었나
> 요 이렇게 좋아하는 빛깔로 담장이며 골목이며 저 하늘까지
>
> — 산울림, '가을이 되면'

가을은 곡식도, 삶도 무르익어가는 계절이다. 연한 갈색의 니트 카디건을 걸치고 낙엽을 밟으며 산책하거나, 노을이 물들 때면 볼륨을 높이고 음악을 들으며 드라이브하기 좋을 때이다.

나에게 가을은 어떤 시간일까. 뒤죽박죽 엉켜 있는 생각과 관계를 조금씩 정리해가는 계절이다. 나를 드러내지 않는 시간, 억지로 닦고 문질러서 구겨진 관계를 바로 인정하고 겸손을 배우고 싶은 시간이다.

내 인생은 가을보다 겨울이 먼저였다.

아들이 대학에 입학했다. 아들은 우리가 함께 살던 집에서 50㎞ 정도 떨어져 있는 해미로 이사를 했다. 학생들이 모여 사는 원룸촌이었다. 대학 생활을 위해 옷과 필요한 물건을 챙겼다. 이사하는 날 엄마랑 떨어지는 것이 무엇이 좋은지 이것저것 정리하고 청소하는 엄마를 빨리 올라가라며 재촉했다. 서운한 마음에 더 머무르고 싶은 마음을 접고 쿨한 척 아들의 원룸을 나왔다. 자동차 옆좌석을 뒤로 젖히고 음악을 크게 틀던 아들 없이 홀로 운전대를 잡고 집으로 돌아오는 길, 이유 없이 자꾸만 눈물이 났다.

이 시간 이후, 나는 더는 내가 만든 둥지에서 아들과 더불어 살아가는 날은 오지 않을 것을 직감했다. 아들은 내 둥지를 떠날 만큼 성장했고, 언젠가 떠날 거란 막연했던 생각이 현실이 되었다. 다시 혼자라는 막막함에 눈물이 멈추지 않았다. 집이 휑했다. 집에 전구가 고장 나도 고치지 않았다. '비틀스'와 '너바나'를 듣지도, 이야기하지도 않았다. 여러 번 함께 보던 '시네마 천국'과 '인생은 아름다워' 영화도 보지 않았다. 아들의 빈자리는 시위하듯 곳곳에서 나를 흔들었다.

빈 둥지 증후군이란 수식어가 나에게 찾아온 것이다. 나는 다시 상담소를 찾았고, 2년 가까이 상담을 받았다. 상담을 받으면서 비로소 깨달은 사실은, 내 옆에는 늘 언니가 있었다는 것이었다.

내가 혼자되고 아이를 낳아 키울 때, 그림자처럼 옆을 지켜준 언니. 진심으로 미안했다. 말을 하지는 않았지만, 언니는 언니 삶의 많은 길을 나로 인해서 바꾸었을 것이다. 당시에는 아들만 보였다. 그래서 언니가 힘들 거란 생각을 하지 못했다. 언니는 그저 말없이 그림자처럼 나와 내 아들 옆을 지켜주었고, 나는 오직 하나, 아들을 외롭지 않게 잘 키우고 싶다는 생각뿐이었다. 정작 잘 키우는 것이 어떤 것인지도 몰랐으면서.

아들을 타지로 보낸 후, 직장에서 전보다 더 많은 시간을 보냈다. 아들의 빈자리를 일로 채웠다. 상담으로 채웠고, 친구들을 만나고 술로 채웠다. 상담 선생님들은 한결같이 물었다.
"오드리 씨, 오드리 씨가 정말 좋아하는 게 뭐에요? 하고 싶은 게 어떤 거예요?"
질문을 받고 생각했다. '나는 뭘 좋아하지.' 모르겠다. 생각나지 않았다. 주변의 권유로 수영도 해보고, 학창 시절 좋아하던 그림도 그려보았다. 우쿨렐레, 기타, 피아노도 배워보았지만 모두 흥미를 갖지 못했다. 난 무엇을 좋아할까.

난 사람이 좋다. 사람을 좋아한다는 것은, 겪어야 하는 감정의 고비들이 많아진다는 것과 같다. 누군가를 좋아하면 너무 가까이 다가간다. 처음에는 같은 거리인 것처럼 느껴지지만, 시간이 지나면서 어느 순간 내가 상대방에게 느끼는 거리와 상대가 나에게 느끼는 거리에 차이가 있음을 알게 된다. 그 차이를 인정하기까지 수많은 감정의 노동을 한다. 화도 내고 욕도 해보고. 그러면서 결국에 나 자신의 부족함을 확인한다. 사회성 결여라는 무시무시한 단어가 나를 옥죄인다. 사람의 연을 놓아버리는 일에 나는 미숙하다. 나는 쿨하지 못하다. 내가 아들 아빠의 마음 단 한 끗을 놓는 데만 걸린 시간이 20년이었다.

아들 아빠 이름을 20년 동안 입 밖으로 소리 내어 불러보지 못했다. 이름을 부르면 첫마디가 나오기도 전에 내가 무너질 것만 같아서. 아들은 스물한 살까지 아빠에 대해서 아무것도 묻지 않았다.

이렇듯 사람에게 집착하는 나에게 7년 전인가, 아니 8년 전, 한 사람이 마음에 들어왔고 나도 그 사람 마음에 들어갔다고 어리석은 착각을 했다. 그 사람은 자국을 남기지 않았는데 난 그 흔적으로 긴 시간 다시 아픔의 터널을 지나가야 했다. 영혼 없는 그림자를 향한 순애보는 꺼내 볼 수 없는 마음속에 또 하나의 깊은 상처를 만든다. 조금만 현명했다면, 사회적 거리를 인식했다면, 봄인 것처럼 거짓말처럼, 죽은 나무에 새싹이 피었다고 생각했는데. 그 새싹은 순식간에 자라고 무성해졌는데, 야속한 비바람에 스러지고 추운 겨울을 혼자 외롭게 견뎌야 했다. 그러나 시간을 흘려보내며 알았다. 내 건조한 삶에 작은 이야기를 만들어준 그 사람에게 감사하다는 것을. 난 여전히 나의 부족함을 채울 생각도 자신도 없으니까.

난 바보로 태어나서 지금껏 쭉 바보로 살아가고 있다. 그리고 바보는 지금 가을로 가고 있다. 다행인 건, 마음이 차츰 고요해지고 외로움을 친구로 만들고 있다는 점이다. 사람을 만나고 헤어지는, 반복되는 일상 속에서 나는 아직도 사람을 찾아가는 중이다.

크고 작은 많은 이별을 통해서 나의 미숙함을 조금씩 조금씩 벗어가면서 친구들을 만난다. 내가 좋아진다는 것은 내 주변에 좋은 사람들이 생기고 있다는 것이다. 시간과 친구들은 나를 가을로 데려가고 있다. 아직도 실수투성이고, 지금도 좋아하는 것이 무엇인지 모르지만, 이 가을엔 하고 싶은 것도 하나씩 둘씩 생기곤 한다.

처음에는 어렵고 지치기만 했던 영업도, 29년이 된 지금 여전히 그 힘듦의 무게가 가벼워지지는 않았지만, 그럼에도 오랜 세월 나를 지켜주고 버티게 해주었던 모든 시간에 진심으로 감사하다. 신이 허락한다면 정년 없이 일을 계속할 것이다. 노후의 삶은 그것으로 충분하다. 생을 마감하는 날까지.

가을은 이렇게 푸르던 녹색의 나뭇잎을 각양각색으로 물들인다. 지금 내 인생의 계절 가을, 내 생각도 여러 가지 색깔처럼 물들어간다. 내 생각은 내 맘대로 여러 빛깔로 변화된다. 이제는 굳이 다른 사람의 시선을 덜 의식하면서 살아간다. 가을처럼, 사람은 변한다. 나도 변한다. 상황에 따라, 대상에 따라, 경험에 따라.

가을은 좋다. 착각과 뒤죽박죽이던 봄과 여름을 지나 마음을 차곡차곡 정리해줄 것만 같은 계절. 그러나 가을만 좋을까. 봄도, 여름도, 겨울도, 모든 계절이 좋다. 그 계절이 좋은 데는 그 계절들만의 특별한 색깔이 있어서다. 좋아할 수밖에 없는 색깔. 그리고 그곳엔 나와 함께한 사람들로 가득 차 있다. 하루에도 사계절이 있다. 한 사람과의 만남에서도 사계절을 느낄 때가 있는 것처럼.

문득 '도깨비'라는 드라마의 대사가 생각이 난다.
"날이 좋아서, 날이 좋지 않아서, 날이 적당해서, 모든 날이 좋았다."
봄이 고와서, 여름은 더워서, 가을은 쓸쓸해서, 겨울은 추워서, 모든 계절이 좋았다. 봄이 찾아온다면, 아마 나는 다시 철없이 착각하고 실수를 하겠지. 봄이니까. 다시 봄이 오는 기적이 있다면…

8. 인생의 겨울을 준비하며

유량

　인생을 계절에 빗대어본다면, 겨울은 정리의 계절이지 싶다. 봄 여름 가을 잘 살아내고 천천히 마지막을 준비하는 시기. 그 계절이 겨울이 아닐까 생각한다. 우리나라 평균수명 83세까지 살 수 있다고 가정한다면, 난 아직 초가을이다. 나의 겨울은 아직 멀었다. 그런데도 나는 지금 겨울을 준비하고 있다. 나의 겨울이 얼마나 길지 알 수 없기 때문이다. 아직 멀었다고 생각하며 느긋하게 게으름피우다 허둥대며 생을 마감하고 싶지 않다. 내 삶을 정리할 시간이 주어지면 좋겠다는 바람으로 산다. 남의 손이 아니라 내 손으로 내 인생과 내 물건들, 내 주변을 정리할 시간이 주어지길 희망한다.

　중학생 때부터 일기를 썼다. 20여 년 넘게 가계부를 썼다. 인화해놓고 정리하지 않은 사진들이 곳곳에 쌓여갔다. 쓰지도 않고 버리지도 못하는 물건들이 추억이라는 핑계로 방치되어갔다. 좋은 물건이라고 아끼느라 못 쓰고, 그러다 구형이 되어갔다. 제 값어치도 못 하고 재활용품으로 버려지는 경우가 허다했다. 언젠가는 쓸지도 모른다는 생각에 창고 가득 물건들을 쌓아놓기만 했다. 이사라도 가야 정리가 될 텐데 이사를 자주 다니는 것도 아니었고, 또 누군가의 얘기처럼 이사 올 때 바로 정리를 안 하고 나중으로 미루다 보니 다시 이사 갈 때나 꺼내 보게 되는 것들도 많다. 말 그대로 이 집에서 저 집으로 끌고만 다니는 물건들이 집 안 곳곳에 쌓여만 갔다. 같은 물건들, 비슷한 물건들이 여기저기 쑤셔 박혀 있고, 같은 책을 두 번씩이나 사는 경우가 자꾸 생기더니 심지어 세 번이나 산 적도 있다.

말끝마다 미니멀 라이프로 살고 싶다, 적게 소유하고 싶다, 휑한 집에 살고 싶다, 곧 떠날 사람처럼 살고 싶다, 물건은 적게 통장은 넉넉하게 살고 싶다 외쳤지만 늘 공염불이었고 실천은 말처럼 쉽지가 않았다. 미니멀 라이프를 실천하고 사는 사람들의 책을 읽어보고, 유튜브를 찾아보면서 마음은 굴뚝같은데 바로 실행에 옮기지 못하는 날들이 계속됐다. 사는 데 크게 지장이 없으니, 실천 의지는 쉽게 생기지 않았다. 내 인생은 아직 가을이니까. 겨울은 아직 멀었고, 마지막을 준비할 충분한 시간이 주어질 거라고 착각하며 사니까.

그러던 어느 날, 아이들이 2~3주에 한 번씩 기숙사에 오고 가며 끌고 다니는 캐리어를 챙겨주다가 문득 살아가는 데는 저 캐리어 하나로도 충분한 거 아닌가 하는 생각이 들었다. 난 참 너무 많은 걸 쌓아놓고, 미리 준비해놓고, 쟁여놓고 사는구나 하는 생각을 했다. 어떤 식으로든 시작하고 싶었다. 시작만 하면 어떻게든 실행할 수 있을 것 같았다. 떡하니 N 포털에 밴드를 개설하고 호기롭게 주변 지인들을 초대했다. 1년 365일, 매일 한 가지 이상 물건을 정리하기로 했다. 적게 소유하기를 실천하겠다는 공약을 걸었다. 누구도 시킨 적 없는 나 혼자 한 약속이지만 그 약속을 꼭 지키고 싶었다. 마음먹으니 고민이 오히려 쉬웠다. 일단 시작했으니 어떻게든 실행할 수 있을 것 같았다.

2021년 6월의 일이다. 초여름 즈음 시작해 꼬박 1년을 매일 물건을 정리하고 사진을 찍고 그 물건에 담긴 추억과 생각을 기록으로 남겼다. 처음에는 정리할 게 너무 많아 하루 한 개가 아니라 서너 개, 네댓 개씩 사진을 올렸다. 쓸 내용도 넘쳐났다. 그런데 한 달이 조금 지났는데, 물건을 앞에 놓고 고민하는 시간이 길어졌다. 버리기 쉬운 것들을 대충 정리하고 나니, 버리기 싫은 것들만 남아서 물건을 앞에 두고 결단을 내려야 하는 시간이 길어졌다. 슬슬 버리기 싫은 것들이 늘어갔다. 결국엔 도로 제자리로 돌아간 물건들도 있고 과감하게 정리한 물건들도 있다. 최대한 나중으로 미룬 물건들도 있다.

적게 소유하기를 실천하면서 쓸 만한 물건들을 밴드에 초대된 회원들과 나누었다. 또 주변 지인들이 필요하다고 하면 나눠 쓰다 보니 자연스럽게 함께 실천하게 되었다. 다니던 성당에 아나바다 코너도 생겨났다. 몇 명이 알음알음 실천하던 일에서, 이제는 전 신자가 함께하며 서로 안 쓰는 물건들을 내놓고 나누고 적은 금액으로 판매하면서 사회복지 기금을 모으는 장이 마련되었다.

서랍이 정리되고, 책장이 정리되고, 창고가 정리되면서 이쯤에서 그만둘까 고민했다. 1년 365일 매일 글로 올리는 일이 생각처럼 쉽지가 않았다. 스멀스멀 올라오는 소유욕 앞에서 정리하기를 계속해야 하나 고민도 했다. 사람이 살아가는 데 많은 물건이 필요한 건 아니지만, 있으면 좋은 물건들도 생각보다 많았다. 나는 매일 나와 타협해야 했다.

늦여름, 폭우가 쏟아져서 비 피해가 심하다고 연일 뉴스가 계속된 날이었다. 뉴스마다 비 피해로 못쓰게 된 살림살이들이 집 밖으로 쏟아져 나왔다. 정말 끝도 없이 쏟아져 나왔다. 재난 앞에서 어떤 물건도 목숨보다 귀한 건 없었다. 남의 불행 위에 나의 다짐이 다시 꿈틀거렸다.

다시 정리하기 시작했다. 집어넣었던 물건들을 다시 꺼내기 시작했다. 이 물건이 진짜 내게 꼭, 반드시, 기필코 필요한 물건인가, 이것 없으면 못사나, 다른 대용품이 없나를 다시 고민하기 시작했다.

미룰 만큼 미루다 일기와 가계부 그리고 앨범 정리를 시작했다. 더 도망갈 수 없었다. 사실 물건도 물건이지만, 일기와 가계부와 앨범 정리를 위해 이 일을 시작했다 해도 과언이 아니다. 이것들을 정리하지 못하면 나의 적게 소유하기 실천은 거짓말이 된다. 나는 그렇게 생각했다. 막상 꺼내놓고 보니, 이건 어디서부터 어디까지 정리를 해야 하는지 결심이 서질 않았다. 그래서 떡하니 사진을 찍어 밴드에 올렸다. 다짐이 어려우니 냅다 올려버렸다. 공개적으로 정리를 선언했다. 오래된 일기를 정리할 때에는 그걸 왜 버리냐고, 후회할 거라고, 딸한테 물려주라고 하면서 나보다 더 속상해하는 사람들도 있었다.

과연 그럴까. 과연 내 딸이 내 일기를 볼까. 뭐 대충 훑어볼 수는 있겠지만, 사진도 아니고 가계부나 일기가 딸에게 뭐 그리 대단할까. 일기를 과감히 버렸다. 집에 홍수가 났다고 생각하면서 버렸다. 나만 기억하면 되지 않은가. 지금의 내가 일기를 쓰면서 만들어진 나 자신이지 않은가. 평생 일기 한 번 안 쓰고도 훌륭하게 잘 사는 사람들도 있지 않은가.

거실에서 내려다보이는 아파트 재활용 센터에 매일 넘쳐나도록 물건들이 버려져 있는데, 어느 날 창밖을 내다보다 그곳에 커다란 결혼사진이 버려진 것을 보았다. 사진을 제거하거나 액자를 부수어서 버린 게 아니라, 웨딩드레스 입은 사진 그대로 버린 거다. 충격이었다. 짐작하건대, 부부가 이혼해서 다른 가족이 정리한 게 아닐까 싶었다. 그렇지 않고서야 버젓이 얼굴이 보이는 사진을 저렇게 아무렇지 않게 버릴 리가 없다는 생각이 들었다. 사진 앨범 액자를 반드시 정리해야겠다는 생각이 더 강하게 든 계기가 되었다. 물건이 정신을 지배할 수는 없다. 내 물건이 나라는 사람을 짐작하게는 하겠지만, 나를 온전히 대변해줄 수는 없다. 그렇지만, 내가 함부로 다룬 물건이 나를 수치스럽게 할 수는 있다.

꼬박 1년이 된 마지막 날, 밴드에 잠시 쉬겠다는 공지를 올렸다. 그리고 매일은 아니지만 정리할 때마다 글을 올리겠다는 약속을 했다. 그런데 그 약속은 지켜지지 않고 있다. 그전만큼은 아니지만 지금 우리 집에는 다시 물건들이 쌓여가고 있고, 소유욕이 다시 스멀스멀 발동하고 있다. 산 걸 또 사고 있다. 그나마 다행이라면 살 때마다, 쌓아둘 때마다 각성은 한다는 거다. 이러면 안 되는데 하면서.

내 물건은 내가 정리하고 생을 마감하길 바란다. 나의 겨울은 물건이 주인이 되지 않기를 희망한다. 적게 소유하고 많이 사유(思惟)하며, 그로 인해 조금 더 이타적인 삶을 살았으면 좋겠다.
나의 겨울은 함께 더불어 따뜻했으면 좋겠다.

9. 생의 겨울을 먼저 경험했지만, 봄이라는 선물이 기다리고 있었다

해돋이

"지금 당신은 어느 계절에 살고 있나요?"라는 질문을 받는다면 나는 이렇게 말하고 싶다. "네 번째 봄에 살고 있어요"라고!

누구나 인생의 봄, 여름, 가을, 겨울을 경험한다. 나에게도 생의 사계절이 있었지만, 유난히 겨울이 빨리 왔다. 대부분의 아이들은 생의 첫 사회 경험을 초등학교 입학하면서 시작하게 된다. 겨울이 아닌, 새싹이 막 피어나는 봄과 같은 희망과 행복감을 가지고 시작하지만 나는 이때부터 겨울이 먼저였다. 태어나서 3개월부터 소아마비 장애를 가지고 있었다. 초등학교 입학부터 지팡이를 짚고 학교생활을 시작했다. 그전까지 한 번도 스스로 밖을 나와보지 못했다. 지팡이를 짚고 밖을 처음 나왔을 때 모든 것이 무섭고 두려웠다. 처음으로 접한 세상은 신기함과 기쁨보다 낯섦과 두려움으로 가득했다.

수많은 위험에 그대로 노출되는 무방비 상태였다. 넘어지지 않고 하루를 온전히 잘 보내는 것이 최상의 과제였다.

하지만 현실은 냉정했다. 어린아이의 작은 손으로 지팡이의 손잡이 둘레를 모두 감싸기에는 무리였다. 지팡이는 아이의 손을 수시로 벗어났고, 그때마다 나는 넘어져야만 했다. 수천 번, 아니 수만 번도 더 넘어졌다. 내 무릎과 손바닥은 언제나 상처투성이가 되었다.

이런 생활이 조금씩 익숙해지자 안전하게 잘 보내기 위한 나만의 하루 계획표를 만들기 시작했다. 우산을 쓸 수 없었기 때문에 아침에 눈을 뜨면 가장 먼저 날씨를 확인했고, 학교에 지각하지 않기 위해서 꼭두새벽부터 집에서 출발해야 했다. 언제나 정확한 시간에 맞추며 긴장된 하루를 시작해야만 했다.

지금은 거의 모든 학교에 엘리베이터를 설치하지만, 당시에는 그러지 못했다. 학교 운동장에 겨우 도착하면 교실까지 18개 계단을 넘어지지 않고 올라야 했다. 걸음 속도가 늦어 머릿속으로 한 계단 한 계단을 세어가며 올라갔다. 넘어지지 않고 계단을 오르려면 어떻게 해야 하나! 오른팔은 어느 쪽, 왼팔은 어느 쪽을 잡아야 하나. 모든 움직임의 동작이 순간순간 나에게는 산수 계산이었다. 마음속으로 '몇 개만 더 올라가면 된다. 조금만 더 힘을 내자'라고 반복의 다짐을 하며 남은 체력을 다해 올랐던 기억이 난다.

어느샌가 이마와 콧등에는 땀이 송골송골 맺혔다. 지팡이를 힘껏 쥐었던 손바닥은 껍질이 벗겨져서 물집이 잡혀 있었다. 쓰라리고 아팠지만 계단을 다 올라왔다는 안도감이 먼저였다.

고된 하루의 연속이었지만 꿈이 있었고 하고자 하는 열정은 누구보다 강했다. 하지 못하는 것에 대한 동경이었을까? 열정은 점점 더 강해졌다.

　어린 나이였지만 매 순간 시간을 계산하며 보내야 했던 습관 때문이었을까? 사고는 누구보다 빨랐다. 평소 움직임의 동작이 다른 아이들보다 늦어 많은 시간이 걸린다. 그래서 자투리 시간조차 하루 중 부족했던 내 시간에 보태려고 노력했다.

　시간의 부족함도 있지만, 비용 또한 많이 들기 때문에 나와 같은 장애인이 무엇인가를 배우는 건 쉽지 않은 일이다. 단순히 움직이는 것만도 다른 아이들보다 비용이 많이 든다. 대중교통을 이용하지 못하기 때문에 택시를 이용해야 하고, 누군가의 손을 빌리게 되는 일이 많이 발생한다. 그것은 곧 배우는 것보다 더 많은 비용을 필요로 할 때도 있다. 이런 불편했던 상황들은 내가 하고 싶었던 것에 대한 포기로 다가올 때도 많았다. 이미 초등학생 때부터 뭔가를 하고 싶은 것이 생기면 포기할 것과 포기하지 않아도 되는 것을 선택하는 법을 배웠다. 머릿속에는 언제나 선택지가 있었다. 환경이 사람을 만든다고 한다. 주어진 환경 때문이었는지 철이 일찍 들어 있어 엄마에게 배우고 싶은 것을 요구하지 못했다. 육 남매의 생계로 고된 엄마에게 걱정을 주고 싶지 않았다. 당시 집에 학생만 오 남매였던 엄마는 하루를 쉬지 않고 일을 하셨다.

　새벽 3시면 어김없이 일어나신 엄마는 빨래하고 있었고, 위로 세 언니들의 도시락을 준비하셨다. 달그락거리는 소리를 듣고 잠에서 깨어 주방으로 나가보면 거기에는 새벽부터 바쁘게 일하고 있는 엄마의 뒷모습이 있었다. 그런 모습을 본 나는 어떤 것도 마음 편하게 배우고 싶다는 요구를 할 자신이 없었다. 엄마의 고된 삶에 나를 얹고 싶지 않았다.

드디어 대학생이 되었다. 이제 내 힘으로라도 뭔가를 해보고 싶었다. 엄마한테 말하지 못해 배우고 싶은 것을 포기했던 경험을 반복하고 싶지 않았다. 나는 아르바이트로 과외를 시작했다. 장애가 있어 내가 방문은 할 수 없었다. 학생들을 우리 집으로 오게 해서 영어와 수학을 가르쳤다.

한 달이 되자 과외 수업료를 받았다. 처음으로 내 힘으로 번 돈이었다.

어색함과 뿌듯함이 한 번에 몰려왔다. 한편으로는 내가 받은 과외비가 정말 내가 받아도 되는 것일까! 하는, 허락되지 않은 돈만 같아 낯설고 두근거렸다. 그때는 그렇게 순진했다.

과외비를 받아 너무나 갖고 싶었던 국어대백과사전을 샀다. 이날 기뻐서 잠을 이루지 못했고, 국어대백과사전은 나의 보물 1호가 되었다.

이렇게 조금씩 사회생활은 넓어져갔지만, 만족할 수 없었다. 마음은 항상 조급했고, 졸업하면 내가 무엇을 할 수 있을지, 무엇을 해야 할지에 대한 불안감으로 가득했다.

이 불안감이 오히려 좌절감보다는 더욱 움직이고 세상 밖으로 나갈 수 있는 용기를 주었다. 더 넓은 세상을 배우고 홀로 서려면 운전을 배워야겠다고 생각했다.

조금씩 모아두었던 돈으로 운전학원에 등록하여 운전을 배웠다. 스스로 선택하는 삶을 살아가기 위한 준비를 하기 시작했다. 면허증을 취득한 나는 자동차를 마련하였다. 자동차 할부금은 직장을 다니면서 갚아나갔다. 운전을 배운 나에게는 이제 어디든 원하는 곳에 언제든 갈 수 있는 다리가 생긴 것이다.

이제 나는 사회에서 선택받는 대상이 아닌, 선택하는 주인이 되었다. 그런 환경이 내게도 주어졌다. 운전은 나의 생활을 엄청나게 바꾸어주었다.

예전과 달라진 것이 있다면 뭔가 배우고자 할 때 드는 제반 비용을 스스로 충당할 힘이 생겼다는 것이다. 어려서 부모님께 의지해야만 얻을 수 있었던 그런 것이 아니라 오로지 내 결정에 의한 선택을 할 수 있게 된 것이다. 지금도 원하는 것을 배우러 가는 길은 언제나 즐겁다. 건강한 다리를 가지고 살아가는 사람들은 자신들이 얼마나 소중하고 큰 것을 가지고 있는지 깨닫지 못할 수 있다. 그들에겐 쉽게 손에 닿을 수 있는 것조차 장애가 있는 사람들에겐 누군가의 도움이 없으면 얻을 수 없는 것이 너무 많다. 그것이 싫어서 스스로 할 수 있도록 만들려고 엄청난 노력과 계산을 하며 살아왔다.

지금은 나도 그들처럼 배우고 싶은 것이 무엇이든 쉽게 손에 닿을 수 있는 삶을 살고 있다. 스스로의 힘과 노력으로 만들어놓은 것이다. 굳은살로 단단해진 손바닥은 당시의 나의 삶을 증명이라도 하는 듯 남아 있다. 사회생활의 시작은 겨울이었지만, 지금은 따뜻하고 행복한 봄을 보내고 있다. 아름다운 인생의 봄!

이 봄을 맞이하기 위해서 얼마나 많은 고통의 시간을 돌아서 왔던가. 사회 첫 시작부터 넘어지는 아픔과 가시밭 같은 언덕을 경험했다. 매서운 추위에 끊어질 듯 시리고 아팠던 손을 주머니에 넣지 못했던 그 순간순간의 기억들을 뒤로하고, 이제는 누구의 도움도 없이 삶의 무대에서 주인이 되어 있다.

어떠한 것에도 흔들림 없는 단단한 나만의 봄을, 지금 열심히 살아가고 있다. 중년이 지나고 백발이 되어 훗날 나에게 또 다른 상황의 겨울이 올 것이다. 이 겨울은 모두에게 다가올 수 있는 겨울이지만 이제는 그 겨울에 현명하고 지혜롭게 대처할 수 있는 노련함이 생겼다.

다시 찾아올 겨울은 두렵거나 무섭지 않다. 이번 겨울은 기꺼이 다른 사람들과 같이 맞이할 준비가 되어 있다.

✤ 마치는 글 ✤

그리고 다시 봄

강명경

　인생 사계절은 한 편의 영화 필름을 펼쳐 본 것 같습니다. 앞만 보고 달리던 시절, 사랑과 일 모두 완벽하길 바랐던 마음은 설렘과 막막함이 함께였어요. 열정이라는 이름으로 밀어붙였던 날들 속에 많은 감정들이 얽혀 있었다는 걸 알았습니다. 흘러간 줄만 알았던 시간들은 나를 조용히 길들이고 있었어요. 해가 뜨는 게 두려워 아침이 늦게 오길 바라던 침체된 내게, 말없이 조용히 안아준 온기들은 마음 깊숙이 스며들었죠. 덕분에 다음 계절을 맞이하는 마음의 변화가 찾아왔습니다. 반복되는 크고 작은 실패와 좌절, 오래 붙들었던 욕심들도 나를 만든 조각들입니다. 견뎌야 하는 순간들이 어서 지나가기만을 바라며 지낸 기다림의 시간, 모든 계절을 묵묵히 지나온 덕분에 지금의 내가 있습니다. 완벽하지 않아도 괜찮다는 마음을 갖는 여유, 이 시선으로 다음을 바라봅니다. 늘 다시 돌아오는 사계절이지만 아직 완성된 답은 없습니다. 서두르지 않고 나만의 속도로 살아가려고요. 삶은 무의미한 반복이 아니라 조금씩 변화하는 내가 순환하면서 더욱 깊어지는 과정인 것 같습니다. 오늘도 나의 계절을 기다립니다. 다시 삶을 천천히 사랑하고 있습니다.

김진하

여고 시절 도서관에서 살다시피 했다. 졸업할 때 사서 선생님이 부르시더니 졸업 축하한다며 수십 장의 책 대여 카드를 리본으로 묶어 선물처럼 내미셨다. 사립학교 도서관에 오래 근무하신 무뚝뚝한 여자 사서 선생님과는 말도 별로 안 해봤었다. 의아했지만 그분은 내가 너를 다 안다는 눈빛이다. 수백 명의 졸업생 중 몇 명만이 그 선물을 받았고 오랫동안 뿌듯했다. 어른이 돼서 책은 가끔 누릴 수 있는 사치였다. 한가하게 책장을 넘기기에는 해야 할 일이 산더미다. 그러다 책을 쓰려니 다른 작가들의 글을 봐야만 했다. 아침에 일찍 출근해 몇 장씩이라도 책을 봤다. 따뜻한 메밀차와 책 읽기가 아침 루틴이 되었다. 좋은 글은 작가가 옆에서 들려주듯 술술 읽힌다. 막힘이 없다. 닮아가려 노력해도 십 년 넘게 언론 보도자료를 썼던 세세함이 내 글에 녹아 있어 아쉽다. 하지만 그것 역시 나인 것 같다. 인생 사계절을 담은 이번 책을 쓰며 '열심'과 '성실'이 모토인 나를 돌아봤다. 살아온 날을 이렇게 오래 생각하고 떠올릴 기회가 언제 있었을까 싶다. 힘들었던 날들 사이로 반짝이는 순간이 보인다. 지금이 바로 봄인가 싶다.

김하세한

　돌아보면, 참 많은 시간을 견디고 지나왔다. 아이를 키우며, 배우며, 일하며, 내 안의 수많은 역할 사이를 오가며 하루하루를 살아냈다. 엄마로서의 삶, 학생으로서의 도전, 그리고 무엇보다 '나로 존재하기 위한 노력'들이 엉켜 있는 날들이었다. 때로는 지치고 때로는 흔들렸지만 멈추지 않고 걸어왔다. 누군가는 말한다. 그렇게까지 하지 않아도 괜찮다고. 하지만 나는 안다. 이 길이 나를 나답게 만들어준 시간들이었다는 걸. 거창한 성공이 아니어도 좋았다. 단지 어제보다 조금 더 나은 나로 살아가고 싶었을 뿐이다. 작은 실천들이 모여 하나의 뿌리가 되었고, 그 뿌리는 서서히 줄기를 틔우며 나를 지탱해주었다. 겉으로 드러나지 않아도 괜찮았다. 땅속 깊이 자라는 시간도 분명 성장임을 알았으니 말이다. 보이지 않는다고 변하지 않는 건 아니다. 조용한 시간 속에서 단단히 뿌리를 내리는 중이라는 것을 잊지 말기를. 그 시간이 지나고 나면 반드시, 자신만의 꽃이 피어날 것이다. 그리고 그 꽃은 분명히, 흘렸을지 모를 모든 눈물의 의미를 되돌려줄 것이다.

서림승희

　이전에 작성한 버킷리스트를 찾지 못하고 매번 새롭게 버킷리스트를 작성합니다. 새로운 버킷리스트를 작성할 때마다 빠지지 않는 것 하나, 바로 책 출간. 막연하게 생각했는데 좋은 기회가 찾아와 도전하였습니다. 8장만 쓰면 된다 하여 가볍게 생각했습니다. 주제를 접하자 막연했습니다. 구상하고 지우고를 반복. 무슨 근거로 모니터를 마주하면 술술 써질 것이라 생각했는지. 머릿속에만 있는 글을 어떻게 표현해야 할지 고민이 깊어졌습니다. 출력한 후 연필로 무수히 수정, 삭제를 표시했습니다. 수정할 때마다 조금씩 글이 담백해지는 것 같습니다. 사물의 이름을 정확히 알고자 했습니다. 글을 쓰기 전보다 자세히 관찰하려는 제 모습을 알아챘습니다. 어린 시절의 나를 만나고, 부모님을 만났습니다. 동일한 서러움, 그리움이지만 차지하는 비율이 변했음을 압니다. 그리운 부모님. 많이 쓰고, 많이 읽되 내 생각을 첨부할 것. 글을 쓰며 물음표가 많아진 것은 긍정적 변화입니다. 더불어 감정과 이성이 균형을 이룬 아량 넓은 어른으로 나이 들어가고 싶은 바람이 더 커졌습니다.

송기홍

글을 쓰는 것이 처음이 아닌데도 여전히 어렵다. 아팠던 시절을 생각하면 그 순간을 잘 견뎌내서 다행이고 그것을 견디게 하신 하나님의 은혜요 축복이라 여겨지지만, 힘들었던 순간을 떠올리면 아직도 아프다. 그러나 돌아본 인생에는 겨울만 있었던 것은 아니다. 겨울이 있었는가 하면 여름이 있었고 봄과 가을도 있었다. 가장 힘든 계절은 겨울이었다. 그러나 가장 감사한 계절도 역시 겨울이다. 살아오면서 겨울이 없었다면 겨울을 사는 사람을 이해할 수 없었을 것이다. 가난한 농부의 아들로 태어나 말더듬이 초등학생으로 살면서 늘 기죽은 듯 살았던 어린 시절, 질병으로 죽음의 문턱을 오가던 시절, 결혼 후에도 큰 꿈을 안고 계획을 세우고 살다가 좌절을 맛본 것이 내가 만나는 사람들을 이해하고 도울 수 있는 원동력이 되었다. 지난 일들이 오늘을 있게 했듯이, 오늘은 또 다른 내일을 꿈꾼다.

쓰꾸미

 어제 아내가 나에게 매화를 선물했다. 선물한 부채에 봄을 알리는 매화를 그려 의미까지 담아 선물했다. 요즘 아내는 바쁘다. 5시 30분에 일어나, 운동을 다녀온다. 아이들을 깨우고 아침 식사한다. 학교에 잘 다녀오라는 인사 후, 집 정리와 청소를 한다. 다 하고 나면, 이제 자기 계발 시작이다. 문인화 수업 중에 배운 솜씨로 나에게 선물했다. 캘리그래피 하며 글을 다듬고, 독서 모임에도 참석해서 서평을 쓰고 나눈다. 낭독하는 모임에서 근사한 목소리로 책을 읽는다. 최근 일본어 공부 모임도 시작했다. 나 역시 자기 계발에 진심인데, 아내가 더 멋져 보인다. 아이들이 엄마 따라 충실하게 일상을 보내는 모습 상상한다. 부채는 3개월 동안 배운 걸 보여주는 전시회 작품이다. 농도의 차이, 붓의 놀림에 따라 선을 그렸다. 붓에 전달되는 힘에 따라 미묘한 느낌을 주었다. 그림의 완성도를 떠나, 최고의 가치를 담았다. 늦었다고 생각해서 더욱 조바심을 느낀다. 조바심의 자리를 정성으로 바꾸려고 노력한다. 늦었으니깐, 더욱 정성을 다하려고 한다. 시작하면, 어떻게든 된다고 생각한다. 나에게 꼭 맞는 매화를 선물한 아내에게 고맙다.

오드리진

　돌아보면 나의 모든 날들이 사람들로 꽉 차 있었다. 사랑하고 다투고 늘 관계에 서툰 나는 사계절의 어디쯤에 서 있는 걸까. 가을 끝자락쯤인가, 아니면 뒤죽박죽 섞인 계절의 한가운데일까. 아직 어떤 내용도 모를 날들이 얼만큼이나 나에게 남아 있을까. 계절이 지나간 자리마다 사연을 만들고 묻어가며 조금씩 성장했나 싶었는데 다시 제자리인 것 같은, 정리될 수도 정리할 수도 없는 세월의 옷장들. 계절이 머무는 곳마다 만나고 헤어지는 사람들. 이제는 계절의 끝을 같이 가보고 싶은 사람들과 만나고 싶다. 우리는 끝이 없을 것처럼 살지만 어디쯤엔가 꼭 끝은 있을 테니까. 처음 글을 써야 한다는 압박감이 시간이 지남에 따라 내가 몰입할 수 있는 선물 같은 시간으로 다가왔다. 누구에게 보여주기에 많이 부끄러운 글이지만 쓰는 동안 많이 웃었고 많이 울었다. 생각의 서랍도 조금은 정리가 되었다. 용기를 준 작가님과 동료들께 감사했다.

유량

'기록은 기억을 지배한다.' 한때 나를 사로잡던 문장이다. 매일 일기를 쓰고, 좋은 글귀가 떠오를 때마다 적어두었다. 놓치기 아까운 명강의 명언이나, 책을 읽다 줄을 긋는 것만으로는 부족해 따로 적어두었다. 문제는 그게 끝이라는 거다. 그러고는 다시 찾아보지 않는다. 정리할 때마다 골칫거리다. 이것도 일종의 집착이다. 그래서 약속에 관한 것 말고는 기록에 집착하지 않기로 했다. 기억나지 않고 흘러가버린 생각은 내 것이 아니다. 일기도 쓰고 싶을 때 쓰기로 했다. 글을 쓰고 싶다는 생각은 했지만, 공저에 참여하게 될 줄은 몰랐다. 마치 무임승차하는 기분이다. 감사하다는 말로는 부족하다. 더 겸손하게 살아야겠다. 마침내 펜을 들고야 말았으니, 말수가 더 줄겠구나.

해돋이

처음 글의 주제 '봄, 여름, 가을, 겨울… 그리고 다시 봄'이라는 것을 접했을 때는 쉽게 접근이 가능한 주제라고 생각했다. 하지만 막상 글을 쓰려고 하자 쉽지 않았다. 쓰려는 순간 주마등처럼 스쳐가는 장면이 떠올랐다. 그동안 잊고 있었던 지난 시간들! 생각을 모아 한 글자 한 글자 써 내려가다 보니 나도 모르게 눈물이 났다. 척박한 사막에서 선인장이 자신에게 필요한 물을 머금고 묵묵히 견디어내듯이 내 어린 시절도 그런 사막에서 살아난 것만 같았다. 나에게 주어진 많은 페널티를 이겨내고 만족하는 승리의 삶을 살고 있다는 생각에 문득 감사함이 들었다. 그러면서 약간의 바람이 생겼다. 이 글을 접하는 독자가 있다면 장애인들에 대한 관심을 가져주기를, 그리고 어려움 속에서도 자신의 꿈을 포기하지 말고 묵묵히 최선을 다하는 시간을 가져주기를 바란다. 그 시간이 헛되지 않았음을 훗날 반드시 깨닫게 될 것이라고 나는 믿는다.